성막

인도자용

묵상하는사람들

프리셉트

차 례

서 문

성막은 하나님이 모든 시대를 살고 있는 성도들에게 계시하기 원했던 중요한 영적 진리를 가르치기 위해서 그리고 성경 계시의 원형 되시는 예수 그리스도를 예표해 주기 위해서 하나님께서 직접 설계하신 위대한 시청각 자료입니다.

성막은 하나님께서 임재하시며 죄인을 만나 주시는 구원과 용서, 그리고 생명과 은총의 장소입니다. 하나님께서 성막 안에서 인간과 함께 계셨던 것처럼 예수 그리스도 안에 동일하게 계십니다. 이 성막은 완벽하게 예수 그리스도를 보여주고 있습니다.

이 과정은 개인적으로 매주 3시간 이상 예습을 한 후, 주 1회 그룹으로 모여서 2시간씩 토의식으로 8주 동안(오리엔테이션 포함) 진행하도록 편집되어 있습니다. 물론 개인 성경 연구용으로도 사용할 수 있습니다.

이 교재는 1991년 초판 발행 이후 꾸준히 독자의 사랑을 받아왔고 전국의 교회에서 성황리에 성경공부 교재로 사용되어 온 바, 많은 인도자가 인도자를 위한 자료를 편찬해 달라고 요청해왔습니다. 이에 프리셉트성경연구원의 연구위원이신 최종의 목사님께서 특별히 시간을 내어서 심혈을 기울여 준비해 주심으로 본 교재를 출간하게 되었습니다. 아무쪼록 이 과정을 통해서 자비와 영광이 가득하신 예수 그리스도의 인격과 성역을 연구하는 감격을 맛볼 수 있기를 축원합니다.

프리셉트성경연구원
원장 김경섭 목사

필요한 도구

1. 프리셉트 성경
2. 케이 아더 저, 「프리셉트 귀납적 성경연구 방법」, 프리셉트성경연구원
3. Strong, James. Strong's Exhaustive Concordance of the Bible.
4. Vine, W. E. Vine's Expository Dictionary of Old and New Testament Words. Old Tappan, New Jersey : Fleming H. Revell, 1981.
5. 각종 주석
6. 색연필

추천 도서

1. 이종수, 「광야의 성막」, 서울 : 기독교문사, 1990.
2. 존 리치 – 김병희 옮김, 「광야의 성막」, 서울 : 전도출판사, 1984.
3. 엠 알 디한 – 조규상 옮김, 「성막」, 서울 : 생명의 말씀사, 1983.
4. 이동원, 「하늘 가는 밝은 길–장막론 제사론 연구」, 서울 : 나침반사, 1989.
5. Agnes Lawless – 한국여성어글로우 모임 출판부 옮김, 「성막」, 서울 : 한국여성어글로우 모임, 1986.
6. Kiene, Paul F. Tabernacle of God in the Wilderness of Sinai. Grands Rapids : Zondervan Corporation, 1977.
7. Olford, Stephen, F. The Tabernacle : Camping with God. Neptune : Loizeaux Brothers, 1975.
8. Simpson, A. B. Christ in the Tabernacle. Harriszarg : Christian publication, 1976.

* 본 교재를 편집함에 있어서 서술된 부분의 일부는 이종수 저, 「광야의 성막」과 이동원 저, 「하늘 가는 밝은 길–장막론 제사론 연구」에서 발췌 · 인용하였으며, 문제는 Agnes Lawless 저 「성막」, Search the Scripture, 「프리셉트 귀납적 성경연구 방법」 등을 참고하여 만든 것임을 밝힙니다.

1과 성막 개론

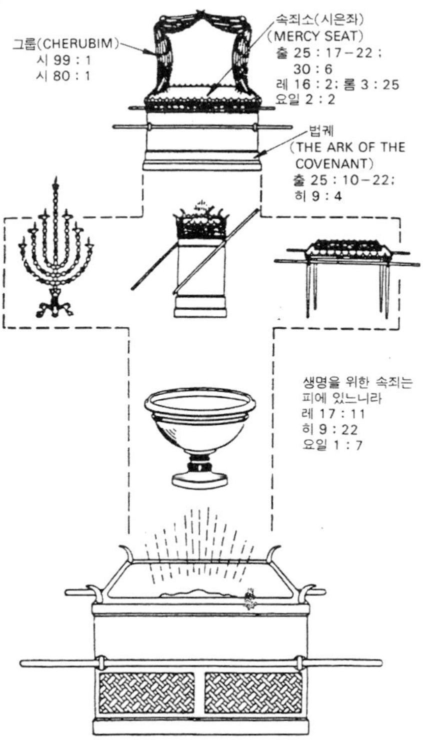

성막기구의 도해

1-2 일

성막은 하나님께서 이스라엘 백성에게 보여 주신 임재의 상징물이었습니다. 하나님은 하나님만이 가지고 계시는 특별한 속성을 가지고 계십니다.

첫째로 하나님은 **전능**하십니다. 하나님께서 "빛이 있으라" 하시매 빛이 창조되었습니다. 하나님은 그 전능한 힘으로 천지를 창조하셨습니다.

둘째로 하나님은 **전지(全知)**하십니다. 하나님은 모든 것을 다 아십니다.

> 시 139:1-4
>
> 1여호와여 주께서 나를 감찰하시고 아셨나이다 2주께서 나의 앉고 일어섬을 아시며 멀리서도 나의 생각을 통촉하시오며 3나의 길과 눕는 것을 감찰하시며 나의 모든 행위를 익히 아시오니 4여호와여 내 혀의 말을 알지 못하시는 것이 하나도 없으시니이다

셋째로 하나님은 **영원하십니다**. 하나님은 창조 전에도 계셨고 역사의 종말 이후에도 계십니다. 하나님은 알파요 오메가 되십니다. 세상의 만물은 변치 않는 것이 없습니다. 헬라 철학자 헤라클레이토스의 증언처럼 만물은 유전(流轉)하며 변화합니다. 그러나 하나님은 변치 않으십니다. 영원하십니다.

넷째로 하나님은 **무소부재(無所不在)하십니다**. 인생들은 하나님의 편재성(遍在性) 앞에서 하나님의 낯을 피할 길이 없습니다. 시편 기자는 시편 139편 7절에서 "내가 주의 신을 떠나 어디로 가며 주의 앞에서 어디로 피하리이까"라고 고백하였습니다. 하나님은 요나의 물고기 뱃속에도 계셨고 암스트롱이 인류 최초로 달나라의 지표면을 밟았던 그때에도 그곳에 계셨습니다.

하나님은 무소부재하심에도 불구하고 우리 인생들은 하나님을 경험하는 신령한 장소를 필요로 하였습니다. 그리하여 하나님께서는 각 시대마다 특별한 성소를 창설하셨습니다. 거기서 인간들을 만나시며 하나님 자신을 계시하시고 그분의 영광과 위대한 사역을 나타내 보이셨습니다.

1. 에덴 동산

하나님께서는 최초의 인간 아담과 하와를 지으시고 에덴 동산을 창설하셨습니다. 하나님은 아담과 하와를 이끌어 에덴 동산에 두시고 그것을 다스리며 지키게 하셨습니다(창 2:15). 그리고 바로 이 에덴 동산에서 하나님은 아담을 향하여 말씀하셨습니다.

창세기 2:16-17

16여호와 하나님이 그 사람에게 명하여 가라사대 동산 각종 나무의 실과는 네가 임의로 먹되 17선악을 알게 하는 나무의 실과는 먹지 말라 네가 먹는 날에는 정녕 죽으리라 하시니라

에덴 동산은 인류 역사상 최초로 거룩한 성소였습니다. 그런데 아담이 범죄함으로 말미암아 아담과 하와는 내어 쫓기게 되었습니다.

창세기 3:22-23

22여호와 하나님이 가라사대 보라 이 사람이 선악을 아는 일에 우리 중 하나 같이 되었으니 그가 그 손을 들어 생명나무 실과도 따먹고 영생할까 하노라 하시고
23여호와 하나님이 에덴 동산에서 그 사람을 내어 보내어 그의 근본된 토지를 갈게 하시니라

범죄한 인간은 범죄함으로 인하여 낙원에서 추방되었고, 유한한 인생을 살게 되었습니다. 그리고 인간은 사는 날 동안 하나님 앞에서 죄를 사함 받고 거룩하신 하나님을 만나야 했습니다.

2. 장막

하나님께서는 아브라함 한 사람을 택하여 세계 구원의 여명을 비추시고 야곱을 택하여 이스라엘 민족을 일으켜 세우셨습니다. 이스라엘 민족이 죄악의 도성이요, 종살이의 질곡이었던 애굽을 탈출하여 아라비아 반도에서 광야 생활을 할 때에, 그들은 신앙생활의 중심부 역할을 할 거룩한 장소가 필요했습니다. 이때 하나님께서는 장막을 지을 것을 명하십니다. 이 장막은 낮에는 구름기둥을 따라, 밤에는 불기둥을 따라 광야를 이동하는 이스라엘 백성의 라이프 스타일(Life Style)에 맞추어 운반 가능한 이동성 텐트였습니다. 이동시 누가 장막과 그 모든 기구를 운반하였으며, 진을 쳤습니까?

> 민수기 1:49-51
>
> 49레위 지파만은 너는 계수치 말며 그들을 이스라엘 자손 계수 중에 넣지 말고 50
> 그들로 증거막과 그 모든 기구와 그 모든 부속품을 관리하게 하라 그들은 그 장
> 막과 그 모든 기구를 운반하며 거기서 봉사하며 장막 사면에 진을 칠지며 51장막
> 을 운반할 때에는 레위인이 그것을 걷고 장막을 세울 때에는 레위인이 그것을 세
> 울 것이요 외인이 가까이 오면 죽일지며

우리는 본 과정을 통해 바로 이 장막을 심도 있게 연구하게 될 것입니다.

장막을 좀 더 효과적으로 연구하기 위하여 오늘 이후 약 한 달간 매일 아침

Q.T(말씀 묵상의 시간)를 부록에 있는 성경 본문(출애굽기 24장 등)으로 하시기를 권면합니다. 이와 병행하여 매주 1과씩 이 과정을 연구한다면 성막 이해에 큰 도움이 되리라고 확신합니다.

3. 성전

1) 솔로몬 성전

여호수아의 인도를 받은 이스라엘 백성들은 드디어 젖과 꿀이 흐르는 가나안 땅에 입성하였습니다. 가나안 땅에 정착하여 착실히 지경을 넓혀가던 중 사울의 뒤를 이어 왕위에 오른 다윗은 더이상 광야의 이동성 포터블(Portable) 장막이 아닌 고정된 지상 성전을 건축하기를 열망하였습니다. 그러나 하나님은 피흘린 다윗의 손으로 성전 건축하기를 원하지 않으셨습니다.

결국 다윗은 성전 건축의 준비만 착실히 진행하였고(대상 22:1-19), 아들 솔로몬이 솔로몬 왕 제위 5년에 성전 건축을 착공하여 7년 후인 11년에 준공하였습니다(왕상 6:37-38). 이 성전은 이스라엘 백성의 신앙생활 중심지로서 국민생활과 종교생활의 심장부 역할을 하였으며, 하나님의 계약적 은총을 시현하는 거룩한 장소였습니다. 그런데 이 솔로몬 성전은 BC 586년 7월 바벨론 왕 느브갓네살에 의해 완전히 파괴되었습니다. 이는 하나님의 백성들이 하나님을 배반하고 하나님의 율법을 지키지 아니함에 따른 하나님의 진노의 채찍이었습니다.

역대상 22:1-19

1다윗이 가로되 이는 여호와 하나님의 전이요 이는 이스라엘의 번제단이라 하였
더라 2다윗이 명하여 이스라엘 땅에 우거하는 이방 사람을 모으고 석수를 시켜
하나님의 전을 건축할 돌을 다듬게 하고 3다윗이 또 문짝 못과 거멀못에 쓸 철을
한없이 준비하고 또 심히 많아서 중수를 셀 수 없는 놋을 준비하고 4또 백향목을
무수히 준비하였으니 이는 시돈 사람과 두로 사람이 백향목을 다윗에게로 많이
수운하여 왔음이라 5다윗이 가로되 내 아들 솔로몬이 어리고 연약하고 여호와를
위하여 건축할 전은 극히 장려하여 만국에 명성과 영광이 있게 하여야 할지라 그
러므로 내가 이제 위하여 준비하리라 하고 죽기 전에 많이 준비하였더라 6다윗
이 그 아들 솔로몬을 불러 이스라엘 하나님 여호와를 위하여 전을 건축하기를 부
탁하여 7이르되 내 아들아 나는 내 하나님 여호와의 이름을 위하여 전을 건축할
마음이 있었으나 8여호와의 말씀이 내게 임하여 이르시되 너는 피를 심히 많이
흘렸고 크게 전쟁하였느니라 네가 내 앞에서 땅에 피를 많이 흘렸은즉 내 이름을
위하여 전을 건축하지 못하리라 9한 아들이 네게서 나리니 저는 평강의 사람이
라 내가 저로 사면 모든 대적에게서 평강하게 하리라 그 이름을 솔로몬이라 하리
니 이는 내가 저의 생전에 평안과 안정을 이스라엘에게 줄 것임이니라 10저가 내
이름을 위하여 전을 건축할지라 저는 내 아들이 되고 나는 저의 아비가 되어 그
나라 위를 이스라엘 위에 굳게 세워 영원까지 이르게 하리라 하셨나니 11내 아들
아 여호와께서 너와 함께하시기를 원하며 네가 형통하여 여호와께서 네게 대하
여 말씀하신 대로 여호와의 전을 건축하며 12여호와께서 네게 지혜와 총명을 주
사 너로 이스라엘을 다스리게 하시고 너의 하나님 여호와의 율법을 지키게 하시
기를 더욱 원하노라 13네가 만일 여호와께서 모세로 이스라엘에게 명하신 모든
율례와 규례를 삼가 행하면 형통하리니 강하고 담대하여 두려워 말고 놀라지 말
지어다 14내가 환난 중에 여호와의 전을 위하여 금 십만 달란트와 은 일백만 달
란트와 놋과 철을 그 중수를 셀 수 없을 만큼 심히 많이 예비하였고 또 재목과 돌
을 예비하였으나 너는 더할 것이며 15또 공장이 네게 많이 있나니 곧 석수와 목
수와 온갖 일에 익숙한 모든 사람이니라 16금과 은과 놋과 철이 무수하니 너는
일어나 일하라 여호와께서 너와 함께 계실지로다 17다윗이 또 이스라엘 모든 방
백에게 명하여 그 아들 솔로몬을 도우라 하여 가로되 18너희 하나님 여호와께서
너희와 함께하지 아니하시느냐 사면으로 너희에게 평강을 주지 아니하셨느냐

이 땅 거민을 내 손에 붙이사 이 땅으로 여호와와 그 백성 앞에 복종하게 하셨나니 [19]이제 너희는 마음과 정신을 진정하여 너희 하나님 여호와를 구하고 일어나서 여호와 하나님의 성소를 건축하고 여호와의 언약궤와 하나님의 거룩한 기구를 가져다가 여호와의 이름을 위하여 건축한 전에 드리게 하라 하였더라

열왕기상 6:37-38

[37]제사년 시브월에 여호와의 전 기초를 쌓았고 [38]제십일년 불월 곧 팔월에 그 설계와 식양대로 전이 다 필역되었으니 솔로몬이 전을 건축한 동안이 칠 년이었더라

2) 스룹바벨 성전

페르시아 왕 고레스는 바벨론 제국을 점령한 후 유대인들로 하여금 예루살렘 성전의 재건축을 허가하였습니다. 이에 유다왕 여호와김의 손자였던 스룹바벨은 제1차 포로 귀환민의 지도자로서 대제사장 예수아와 함께 성전 재건에 착수하여 BC 515년에 완공하였습니다. 그러나 이 성전은 규모나 내용 면에서 솔로몬 성전에 필적하지는 못했습니다. BC 63년경 로마 장군 폼페이우스가 팔레스타인을 침입하였을 때 스룹바벨 성전을 급습하여 지성소에 난입하였고, 전란 중의 화재로 불타서 앙상한 형체만 남게 되었습니다. 결국 성전은 또 무너져 내렸습니다. 이는 이스라엘 백성들이 하나님을 떠나 범죄했기 때문입니다.

3) 헤롯 성전

팔레스타인의 분봉 왕이었던 헤롯 대왕은 BC 20년에 전화로 볼품없는 스룹바벨 성전을 재건축하여 가장 아름답고 웅장한 건축물로 완성하였습니

다. 예수님께서 이 땅에 오셨을 때 바로 이 성전에 참예하셨습니다. AD 70년경 로마 장군 티투스(Titus)가 이 성전을 포위하고 불태워 버렸으며 성전의 기물들은 전리품으로 취하여 로마로 운반하였습니다. 로마 황제 하드리아누스(Hadrianus)는 예루살렘 성전 옛터에 로마식의 신전을 건설하였고, AD 7세기 이후 이슬람교 사원이 세워져서 오늘날 이슬람교의 숭배지로 전락하고 말았습니다.

4. 예수 그리스도

예수님께서는 자신이 바로 성전이라고 선언하셨습니다. 다음의 성경 본문을 읽으십시오.

요한복음 2:13-22

13유대인의 유월절이 가까운지라 예수께서 예루살렘으로 올라가셨더니 14성전
안에서 소와 양과 비둘기 파는 사람들과 돈 바꾸는 사람들의 앉은 것을 보시고
15노끈으로 채찍을 만드사 양이나 소를 다 성전에서 내어 쫓으시고 돈 바꾸는 사
람들의 돈을 쏟으시며 상을 엎으시고 16비둘기 파는 사람들에게 이르시되 이것
을 여기서 가져가라 내 아버지의 집으로 장사하는 집을 만들지 말라 하시니 17제
자들이 성경 말씀에 주의 전을 사모하는 열심이 나를 삼키리라 한 것을 기억하더
라 18이에 유대인들이 대답하여 예수께 말하기를 네가 이런 일을 행하니 무슨 표
적을 우리에게 보이겠느뇨 19예수께서 대답하여 가라사대 너희가 이 성전을 헐
라 내가 사흘 동안에 일으키리라 20유대인들이 가로되 이 성전은 사십육 년 동안
에 지었거늘 네가 삼 일 동안에 일으키겠느뇨 하더라 21그러나 예수는 성전된 자
기 육체를 가리켜 말씀하신 것이라 22죽은 자 가운데서 살아나신 후에야 제자들
이 이 말씀하신 것을 기억하고 성경과 및 예수의 하신 말씀을 믿었더라

1) 예수님께서 노끈으로 채찍을 만드사 분노하시고 취한 각종 조처는 무

엇입니까? (15-16절)

예수님께서는 성전 안에서 제물로 파는 양과 소를 다 내어 쫓으시고 돈을 바꾸는 환전상들의 돈을 쏟으시며 성전을 청결케 하셨습니다.

그렇게 하신 이유는 무엇입니까?(14, 16-17절)

거룩한 하나님의 성전을 장사하는 장소로 만든 것에 대해 의로운 분노를 발하셨습니다.

2) 표적을 요구하는 유대인들에게 예수님께서는 뭐라고 말씀하십니까?(19절)

너희가 성전을 헐라 내가 사흘 동안에 일으키리라

이 질문의 진의(眞意)는 무엇입니까?(21절)

예수님께서는 자신이 성전이심을 전제로 십자가에 못 박히신 후 사흘 만에 부활하실 것을 예언하셨습니다.

3) 제자들은 언제 이 말씀의 의미를 진실로 깨우쳤습니까?(22절)

제자들은 예수님이 부활하신 후에야 깨달았습니다.

하나님이신 예수님께서 이 땅에 오심으로 말미암아 성소의 개념에 혁명적인 변화를 가져왔습니다. 지금까지는 성소가 건물과 장소 중심이었으나 예수님 자신이 성소가 되셨습니다. 예수님 안에 하나님의 신성의 모든 충만이 육체로 거하시기 때문입니다(골 2:9). 말씀이신 예수님이 육신이 되어 우리 안에 거하시매 은혜와 진리가 충만케 되었습니다(요 1:14).

5. 교회 및 성도

진정한 의미에서 교회란 예배당 건물이 아니요, 하나님으로부터 부름 받은 성도의 회집입니다. 교회는 그리스도의 몸으로서 몸과 지체의 연합을 이루는 생명의 유기체입니다. 그리스도는 교회의 머리로서 영적 생명의 공급자이시며 교회의 주권자이십니다. 따라서 그리스도가 성소이기에 그리스도의 몸된 교회 즉, '성도의 회집' 자체가 성소이며, 그리스도의 몸을 이루는 각각 지체인 개체적 성도도 성소가 되는 것입니다. 바울 사도는 이렇게 말씀합니다.

> "너희가 하나님의 성전인 것과 하나님의 성령이 너희 안에 거하시는 것을 알지 못하느뇨" (고전 3:16).

그리스도인들은 거룩한 성소인 몸을 신령하게 보존해야 합니다.

6. 마지막 성소

마지막 성소는 천국으로서 영원한 성소요, 하나님의 영광이 충만히 거하는 지성소입니다. 천국에서는 하나님의 보좌에 계신 하나님께서 직접 통치하십니다.

이 세상은 죄 많은 유혹의 땅입니다. 이 세상은 언젠가 무너질 임시적 처소입니다. 그런데 성소이신 그리스도께서 십자가에서 보혈을 흘려 우리 죄를 사하심으로 우리 자신을 성소로 삼으셨습니다. 뿐만 아니라 임시적 처소가 무너지면 우리가 거할 영원한 처소인 하늘의 성소를 예비해 두셨습니다.

> "만일 땅에 있는 우리의 장막 집이 무너지면 하나님께서 지으신 집 곧 손으로 지은 것이 아니요 하늘에 있는 영원한 집이 우리에게 있는 줄 아나니" (고후 5:1).

할렐루야!

성막의 명칭과 성격

3 일

성막은 이스라엘 백성이 400년 이상 동안 예배의 장소로 사용하였던 곳으로 출애굽기에 13장, 레위기에 18장, 민수기에 13장, 신명기에 2장, 그리고 히브리서에 4장 등 성경 전체에 걸쳐서 도합 50여장에 기록되어 있습니다. 또한 성막은 다양한 명칭으로 표현되고 있으며, 각각의 명칭은 성막이 갖는 의미를 설명해 줍니다.

첫째로 하나님께서 죄인과 함께 거하신다는 의미로 "**성막**"(미쉬칸, dwelling)의 명칭이 사용되었습니다.

> 출애굽기 26:1
>
> 1너는 성막을 만들되 앙장 열 폭을 가늘게 꼰 베실과 청색 자색 홍색실로 그룹을 공교히 수놓아 만들지니

둘째로 하나님께서 죄인을 만나주신다는 의미로 "**회막**"(오헬 모헤트, the tent of meeting)의 용어가 사용되었습니다.

> 출애굽기 27:21
>
> 21아론과 그 아들들로 회막 안 증거궤 앞 휘장 밖에서 저녁부터 아침까지 항상 여호와 앞에 그 등불을 간검하게 하라 이는 이스라엘 자손의 대대로 영원한 규례니라

회막은 만남의 장소라는 뜻입니다. 광야에서 이스라엘 회중은 항상 회막을 중심으로 하여 12지파가 에워싸는 형태로 머물렀습니다.

그들은 이 회막을 정점으로 하여 하나님을 만났고 백성들을 만났으며 지도자

들을 만났습니다. 회막은 거친 광야의 삶을 사는 저들에게 만남의 광장 역할을 하였던 것입니다.

셋째로 "**증거막**"(미쉬칸 하에두트, the Tabernacle of Testimony)의 용어가 사용되었습니다. 이 명칭은 하나님의 율법을 기록한 두 개의 판과 관련이 있는 것으로 여겨지며, 이는 하나님께서 죄인들을 향하여 말씀하시는 은총의 장소임을 드러냅니다.

민수기 1:50

50그들로 증거막과 그 모든 기구와 그 모든 부속품을 관리하게 하라 그들은 그
장막과 그 모든 기구를 운반하며 거기서 봉사하며 장막 사면에 진을 칠지며

넷째로 거룩한 장소라는 의미를 나타내는 "**성소**"(미크다쉬, Sanctuary)의 용어가 사용되었습니다. 성소는 하나님이 임재하시는 가장 신성하며 거룩한 장소입니다.

레위기 21:12

12성소에서 나오지 말며 그 하나님의 성소를 더럽히지 말라 이는 하나님의 위임
한 관유가 그 위에 있음이니라 나는 여호와니라

또한 성막 전면에 있는 바깥쪽 덮개를 의미하는 "**장막**"(오헬, tent, 왕상 2:28)의 용어가 사용되기도 합니다. 이 덮개는 염소 털로 만들어진 12개의 앙장(Curtains)으로 이루어져 있습니다.

열왕기상 2:28

28그 소문이 요압에게 들리매 저가 여호와의 장막으로 도망하여 단 뿔을 잡으니

이는 저가 다윗을 떠나 압살롬을 좇지 아니하였으나 아도니야를 좇았음이더라

기타 **여호와의 장막**(the Tabernacle of Jehovah, 레 17:4), **여호와의 성소**(the Sanctuary of Jehovah, 민 19:20), **하나님의 집**(the House of God, 삿 18:31), **여호와의 집**(the House of Jehovah, 삼상 1:7), **여호와의 전**(the Temple of Jehovah, 삼상 1:9) 등의 명칭으로 명명되기도 하였습니다.

레위기 17:4

4먼저 회막문으로 끌어다가 여호와의 장막 앞에서 여호와께 예물로 드리지 아니하는 자는 피흘린 자로 여길 것이라 그가 피를 흘렸은즉 자기 백성 중에서 끊쳐지리라

민수기 19:20

20사람이 부정하고도 스스로 정결케 아니하면 여호와의 성소를 더럽힘이니 그러므로 총회 중에서 끊쳐질 것이니라 그는 정결케 하는 물로 뿌리움을 받지 아니하였은즉 부정하니라

사사기 18:31

31하나님의 집이 실로에 있을 동안에 미가의 지은 바 새긴 신상이 단 자손에게 있었더라

사무엘상 1:7

7매년에 한나가 여호와의 집에 올라갈 때마다 남편이 그같이 하매 브닌나가 그를 격동시키므로 그가 울고 먹지 아니하니

사무엘상 1:9

9그들이 실로에서 먹고 마신 후에 한나가 일어나니 때에 제사장 엘리는 여호와의 전 문설주 곁 그 의자에 앉았더라

한편 성막은 하나님께서 자신을 죄인들에게 계시하시는 장소입니다. 거룩하신 하나님께서는 직접 자신을 인간에게 드러내지 아니하고서는 죄 많고 유한한 인간이 하나님께로 나아갈 길이 없음을 아시고, 성막을 통해 자신을 계시하신 것입니다.

출애굽기 29:45-46

45내가 이스라엘 자손 중에 거하여 그들의 하나님이 되리니 46그들은 내가 그들
의 하나님 여호와로서 그들 중에 거하려고 그들을 애굽 땅에서 인도하여 낸 줄을
알리라 나는 그들의 하나님 여호와니라

하나님께서는 성막에서 죄인들을 받아주십니다.

레위기 1:4

4그가 번제물의 머리에 안수할지니 그리하면 열납되어 그를 위하여 속죄가 될
것이라

여기서 열납(accept)이란 받아주신다는 뜻으로서, 하나님께서는 죄인을 도저히 용납하실 수 없으나 성막 안에서는 받아주십니다.

성막은 하나님께서 죄인을 용서해 주시는 곳입니다. 이 성막에서 제사를 드릴 때 우리의 죄는 용서함을 받습니다.

성막은 하나님께서 죄인으로부터 제물을 받아주시는 곳입니다. 하나님께서는 하나님께서 정하신 법도에 따라 성막에서 제물을 바칠 때 받아주십니다.

죄는 인간과 하나님의 관계를 단절시켰습니다. 범죄한 인간은 하나님과 교통

하는 채널을 상실한 것입니다. 그러나 하나님께서는 인간을 추적하시고 찾아오시며 만나서 용서하기를 원하셨습니다. 범죄한 인간이 죄를 용서받고 하나님의 임재를 경험하여 하나님께 안기는 영광의 장소로 예비된 성스런 장소가 바로 성막입니다.

성막에서 이루어졌던 위대한 기능들과 성격이 결국 누구로 말미암아 최종적으로 실현되고 완성되었습니까? 예수 그리스도입니다. 그리스도께서 우리와 함께 거하셨고(미쉬칸), 십자가에서 우리 죄를 용서해 주셨으며, 우리를 만나주셨습니다(오헬 모테트). 하나님께서는 예수님을 통해 살아 있는 말씀을 주셨습니다(미쉬칸 하세누트). 예수님이야말로 하나님으로서의 신성의 모든 충만을 보유하고 계십니다(미크라쉬). 하나님께서는 예수님의 십자가를 믿는 우리를 받아주시며, 우리가 정성껏 드리는 제물도 열납해 주십니다. 이 성막은 예수 그리스도의 아름다운 성역(聖役)과 인격(人格)을 유감없이 상세하게 예표하며 제시해 주고 있습니다.[1)]

4 일

1. 부록의 관찰작업표에 나와 있는 본문을 찾아서 출애굽기 25장~27장을 읽되, 성막과 그 유사어, 그리고 식양(式樣) 등의 단어가 등장할 때 절수를 표시하면서 속독하십시오.

성막과 그 유사어 : 성소(25:8, 26:33), 장막(25:9), 속죄소(25:17, 18, 19, 20, 21, 22, 26:34), 증거궤(25:22, 26:33, 34, 27:21), 성막(26:1, 7, 9, 12, 13, 15, 17, 18, 20, 22, 23, 26, 27, 30, 36, 27:9, 19), 지성소(26:33, 34), 회막(27:21)

식양 : 장막의 식양(25:9), 기구의 식양(25:9), 식양(25:40, 26:30)

---

1) 이동원, 「하늘 가는 밝은 길」(나침반사, 1989), pp. 20-22

2. 성막의 원 설계자는 누구입니까?

하나님(25:9)

3. 하나님께서 모세에게 성막을 지으라고 명하셨을 때 성막을 지을 재료에 관해서도 상세히 알려주셨습니다.

출애굽기 25:1-9 ; 35:5-9

25:1여호와께서 모세에게 일러 가라사대 2이스라엘 자손에게 명하여 내게 예물을
가져오라 하고 무릇 즐거운 마음으로 내는 자에게서 내게 드리는 것을 너희는 받
을지니라 3너희가 그들에게서 받을 예물은 이러하니 금과 은과 놋과 4청색 자색
홍색실과 가는 베실과 염소털과 5붉은 물 들인 숫양의 가죽과 해달의 가죽과 조
각목과 6등유와 관유에 드는 향품과 분향할 향을 만들 향품과 7호마노며 에봇과
흉패에 물릴 보석이니라 8내가 그들 중에 거할 성소를 그들을 시켜 나를 위하여
짓되 9무릇 내가 네게 보이는대로 장막의 식양과 그 기구의 식양을 따라 지을지
니라

35:5너희의 소유 중에서 너희는 여호와께 드릴 것을 취하되 무릇 마음에 원하는
자는 그것을 가져다가 여호와께 드릴지니 곧 금과 은과 놋과 6청색 자색 홍색실
과 가는 베실과 염소털과 7붉은 물 들인 숫양의 가죽과 해달의 가죽과 조각목과
8등유와 및 관유에 드는 향품과 분향할 향을 만드는 향품과 9호마노며 에봇과 흉
패에 물릴 보석이니라

그 재료들을 아래의 항목에 따라 분류해 보십시오.

1) 금속류 : 금, 은, 놋(25:3)

2) **보석류** : 호마노, 에봇, 흉패에 물릴 보석(25:7)

3) **유색면사** : 청색실, 자색실, 홍색실, 가는 베실(25:4, 26:1)

4) **목재류** : 조각목(25:5, 10)

5) **피혁류** : 염소털(25:4), 붉은 물들인 숫양의 가죽, 해달의 가죽(25:5)

6) **향유류** : 등유, 관유에 드는 향품, 분향할 향의 향품(25:6)

이상의 각종 재료들은 아래의 의미를 지니고 있습니다.

❖ 성막의 재료와 의미[2)]

번호	재료	의미
1	나무(Wood)	지지(Support)
2	구리(Copper)	내구성(Durability)
3	은(Silver)	명료도(Clearness)
4	금(Gold)	가치(Value)
5	세마포(Linen)	청결(Cleanliness)
6	보(Wool)	따뜻함(Warmth)
7	염소털(Goat' s hair)	함축성(Compact)
8	양가죽(Ram' skin)	보호(Protection)
9	모피(Fur)	부드러움(Softness)
10	끈(Rope)	강함(Strength)
11	보석(Gems)	단단함(Hardness)

2) 이종수, 「광야의 성막」(서울 : 기독교문사, 1990), pp. 45-46

5 일

1. 성막을 건축하는 데 있어서 어떤 사람들이, 어떤 자세로 동참했습니까?

출애굽기 35:5, 21-29

5너희의 소유 중에서 너희는 여호와께 드릴 것을 취하되 무릇 마음에 원하는 자
는 그것을 가져다가 여호와께 드릴지니 곧 금과 은과 놋과

21무릇 마음이 감동된 자와 무릇 자원하는 자가 와서 성막을 짓기 위하여, 그 속
에서 쓸 모든 것을 위하여, 거룩한 옷을 위하여 예물을 가져 여호와께 드렸으니
22곧 마음에 원하는 남녀가 와서 가슴 핀과 귀고리와 가락지와 목거리와 여러 가
지 금품을 가져왔으되 사람마다 여호와께 금 예물을 드렸으며 23무릇 청색 자색
홍색실과 가는 베실과 염소털과 붉은 물들인 숫양의 가죽과 해달의 가죽이 있는
자도 가져왔으며 24무릇 은과 놋으로 예물을 삼는 자는 가져다가 여호와께 드렸
으며 무릇 섬기는 일에 소용되는 조각목이 있는 자는 가져왔으며 25마음이 슬기
로운 모든 여인은 손수 실을 낳고 그 낳은 청색 자색 홍색실과 가는 베실을 가져
왔으며 26마음에 감동을 받아 슬기로운 모든 여인은 염소털로 실을 낳았으며 27
모든 족장은 호마노와 및 에봇과 흉패에 물릴 보석을 가져왔으며 28등불과 관유
와 분향할 향에 소용되는 기름과 향품을 가져왔으니 29마음에 원하는 이스라엘
자손의 남녀마다 여호와께서 모세의 손을 빙자하여 명하신 모든 것을 만들기 위
하여 물품을 가져다가 여호와께 즐거이 드림이 이러하였더라

a. 건축에 동참한 자들

마음에 원하는 자(출 35:5, 22, 29), 마음이 감동된 자(출 35:21, 26), 자원하는 자(출 35:21), 마음이 슬기로운 자(출 35:25, 26)

b. 건축에 동참한 자세

그들은 마음에 감동을 받아 즐거운 마음으로(출 35:29) 자원하여 드렸습니다.

2. 모세가 성막을 짓기 위하여 성막의 재료 등을 헌납할 것을 백성들에게 요청했을 때, 백성들은 어떻게 반응했습니까?

출애굽기 36:3-7

3그들이 이스라엘 자손의 성소의 모든 것을 만들기 위하여 가져온 예물을 모세
에게서 받으니라 그러나 백성이 아침마다 자원하는 예물을 연하여 가져오는 고
로 4성소의 모든 일을 하는 지혜로운 자들이 각기 하는 일을 정지하고 와서 5모
세에게 고하여 가로되 백성이 너무 많이 가져오므로 여호와의 명하신 일에 쓰기
에 남음이 있나이다 6모세가 명을 내리매 그들이 진중에 공포하여 가로되 무론
남녀하고 성소에 드릴 예물을 다시 만들지 말라 하매 백성이 가져오기를 정지하
니 7있는 재료가 모든 일을 하기에 넉넉하여 남음이 있었더라

백성들은 아침마다 자원하는 예물을 끊이지 않고 계속 가져왔습니다.

백성들의 심리 상태를 나타내는 구체적인 표현들을 기록해 보십시오.

"자원하는 예물을 연하여 가져오는 고로"(출 36:3)

"각기 하는 일을 정지하고 와서"(출 36:4)

3. 하나님께서 건축의 세부적 사항에 대하여 누구누구에게 어떤 직무를 위탁하십니까?

출애굽기 31:1-11

1여호와께서 모세에게 일러 가라사대 2내가 유다 지파 훌의 손자요 우리의 아들
인 브살렐을 지명하여 부르고 3하나님의 신을 그에게 충만하게 하여 지혜와 총
명과 지식과 여러가지 재주로 4공교한 일을 연구하여 금과 은과 놋으로 만들게
하며 5보석을 깎아 물리며 나무를 새겨서 여러가지 일을 하게 하고 6내가 또 단
지파 아히사막의 아들 오홀리압을 세워 그와 함께하게 하며 무릇 지혜로운 마음
이 있는 자에게 내가 지혜를 주어 그들로 내가 네게 명한 것을 다 만들게 할지니
7곧 회막과 증거궤와 그 위의 속죄소와 회막의 모든 기구와 8상과 그 기구와 정
금 등대와 그 모든 기구와 분향단과 9번제단과 그 모든 기구와 물두멍과 그 받침
과 10제사직을 행할 때에 입는 공교히 짠 의복 곧 제사장 아론의 성의와 그 아들

들의 옷과 [11]관유와 성소의 향기로운 향이라 무릇 내가 네게 명한대로 그들이 만들지니라

1) 브살렐(출 31:2-5)- 금과 은과 놋을 만들게 하며 보석을 세공하고 나무를 조각하는 일을 하게 하심

2) 오홀리압(출 31:6-11)- 회막과 증거궤, 속죄소와 회막의 모든 기구, 상과 그 기구, 정금 등대와 그 모든 기구, 분향단과 번제단과 그 모든 기구, 물두멍과 그 받침, 제사장의 의복, 그리고 관유와 성소의 향기로운 향을 만들게 하심

하나님께서는 이 모든 것을 감당할 수 있도록 그들에게 지혜와 총명과 지식과 재주를 주셨습니다.

하나님께서는 백성들에게 직무를 위탁하실 때 구체적인 능력도 주십니다(출 31:2-6). 여러분은 하나님의 교회에서 어떤 직분으로 섬기고 있습니까? 직분이 주어졌을 때 그 직분을 감당할 능력도 함께 주시기를 간구합니까?

4. 성막은 언제 완성되었습니까?

출애굽기 40:1-2

여호와께서 모세에게 일러 가라사대 [2]너는 정월 초일일에 성막 곧 회막을 세우고

정월 초일일(출 40:2)

이스라엘 백성들에게 정월 초일일은 어떤 날이었습니까?

출애굽기 11:1-12:2

[11:1]여호와께서 모세에게 이르시기를 내가 이제 한가지 재앙을 바로와 애굽에 내

린 후에야 그가 너희를 여기서 보낼지라 그가 너희를 보낼 때에는 여기서 정녕
다 쫓아내리니 2백성에게 말하여 남녀로 각기 이웃들에게 은, 금패물을 구하게
하라 하시더니 3여호와께서 그 백성으로 애굽 사람의 은혜를 받게 하셨고 또 그
사람 모세는 애굽국에서 바로의 신하와 백성에게 심히 크게 뵈었더라 4모세가
바로에게 이르되 여호와께서 이같이 말씀하시기를 밤중에 내가 애굽 가운데로
들어가리니 5애굽 가운데 처음 난 것은 위에 앉은 바로의 장자로부터 맷돌 뒤에
있는 여종의 장자까지와 모든 생축의 처음 난 것이 죽을지라 6애굽 전국에 전무
후무한 큰 곡성이 있으리라 7그러나 이스라엘 자손에게는 사람에게나 짐승에게
나 개도 그 혀를 움직이지 않으리니 여호와가 애굽 사람과 이스라엘 사이에 구별
하는 줄을 너희가 알리라 하셨나니 8왕의 이 모든 신하가 내게 내려와서 내게 절
하며 이르기를 너와 너를 좇는 온 백성은 나가라 한 후에야 내가 나가리라 하고
심히 노하여 바로에게서 나오니라 9여호와께서 모세에게 이르시기를 바로가 너
희를 듣지 아니할지라 그러므로 내가 애굽 땅에서 나의 기사를 더하리라 하셨고
10모세와 아론이 이 모든 기사를 바로 앞에서 행하였으나 여호와께서 바로의 마
음을 강퍅케 하셨으므로 그가 이스라엘 자손을 그 나라에서 보내지 아니하였더
라 12:1여호와께서 애굽 땅에서 모세와 아론에게 일러 가라사대 2이 달로 너희에
게 달의 시작 곧 해의 첫 달이 되게 하고

정월 초일일은 이스라엘 백성이 애굽땅의 속박에서 해방되었던 유월절이었습니다.

정월 초일일은 이스라엘 백성이 애굽 땅의 속박에서 해방되었던 유월절이었습니다. 유월절의 사건은 이스라엘의 달력을 바뀌게 했던(즉 유월절 사건의 달이 정월이 됨) 역사적 사건이었습니다. 이스라엘 백성의 구속일이 정월 초일일이었듯이, 성막의 완성으로 하나님의 성령이 충만히 임재했던 날도 곧 정월 초일일이었습니다. 바로 우리 안에 그리스도께서 좌정하사 죄사함 받고 하나님의 자녀가 된 영적 탄생일입니다. 우리 안에 거하시는 예수 그리스도께서 각 사람에게 영광으로 충만히 임재하시므로, 우리가 곧 성막이 된 것입니다.

2과
진(陣), 뜰, 뜰문

3. 물두멍과 성별의 교리

화목의 번제단에서 조금 더 나아가면 물두멍이 있는데, 여기서 제사장은 자신의 손을 씻습니다. 하나님과 깊이 교제하려고 할 때마다 죄 때문에 방해를 받는다는 사실을 계속적으로 발견하게 됩니다. 그러므로 신자는 그리스도의 십자가의 보혈로 계속해서 죄 씻음을 받고 성화되어 가야 합니다. 죄 씻음과 거룩함을 계속적으로 추구하는 사람만이 거룩하신 하나님의 밀실을 향해 더 깊숙이 나아갈 수 있습니다.

요한일서 1:7

7저가 빛 가운데 계신 것같이 우리도 빛 가운데 행하면 우리가 서로 사귐이 있고 그 아들 예수의 피가 우리를 모든 죄에서 깨끗하게 하실 것이요

4. 등대와 조명의 교리

성소에는 창문이 없습니다. 밖의 세상과 완전히 차단된 밀폐 공간입니다. 성소 안에 들어서면 먼저 금 등대에서 흘러나오는 불빛을 만나게 되는데, 제사장들은 이 불빛 가운데 행하며, 걸으며, 하나님을 섬겼습니다. 예수 그리스도는 어둔 세상을 밝히 비추시는 등불이십니다.

요한복음 8:12 ; 1:9

8:12예수께서 또 일러 가라사대 나는 세상의 빛이니 나를 따르는 자는 어두움에 다니지 아니하고 생명의 빛을 얻으리라

1:9참빛 곧 세상에 와서 각 사람에게 비취는 빛이 있었나니

5. 떡상과 말씀의 교리

금 등대 우편에 떡상이 있고 이 떡상에는 떡이 열두 개가 있습니다. 열둘이란, 성경적인 의미에서 '완성과 충족'을 의미하는 대표적 숫자입니다. 하나님께서는 우리에게 하나님의 말씀으로 영혼의 일용한 양식을 충족히 채워주시며, 예수 그리스도만이 진정한 만족이 되십니다.

요한복음 6:35

35예수께서 가라사대 내가 곧 생명의 떡이니 내게 오는 자는 결코 주리지 아니할 터이요 나를 믿는 자는 영원히 목마르지 아니하리라

6. 분향단과 중보의 교리

금 등대와 떡상을 지나 휘장을 앞에 두고 향이 내내 계속해서 하늘로 올라가는 분향단이 놓여 있습니다. 우리는 예수 그리스도께서 하나님 우편에서 성도들을 위해 끊임없이 중보의 기도를 드리고 계심을 기억해야 할 것입니다. 또한 우리는 성도로서 하나님을 향하여 중보기도의 분향을 계속적으로 드려야 할 것입니다.

히브리서 8:6; 9:15

8:6그러나 이제 그가 더 아름다운 직분을 얻으셨으니 이는 더 좋은 약속으로 세우신 더 좋은 언약의 중보시라

9:15이를 인하여 그는 새 언약의 중보니 이는 첫 언약 때에 범한 죄를 속하려고 죽으사 부르심을 입은 자로 하여금 영원한 기업의 약속을 얻게 하려 하심이니라

7. 언약궤와 사귐의 교리

분향단을 지나 휘장을 열면 거룩한 곳 가운데서도 가장 거룩한 곳인 지성소가 나오며 그 안에 언약궤가 있습니다. 언약궤 위에는 피가 뿌려집니다. 우리는 이 언약궤 위에 뿌려진 피 앞에서 비로소 하나님을 만나며 하나님과 교제를 나누게 됩니다. 그리스도는 언제나 언약의 주체이시며, 자신이 온전히 피뿌림을 당하심으로 언약을 성취하셨습니다. 그 피뿌림으로 우리가 하나님과 함께 거하며 사귐을 갖게 된 것입니다.

요한일서 1:3-4

3우리가 보고 들은 바를 너희에게도 전함은 너희로 우리와 사귐이 있게 하려 함이니 우리의 사귐은 아버지와 그 아들 예수 그리스도와 함께함이라 4우리가 이 것을 씀은 우리의 기쁨이 충만케 하려 함이로라

3 일 1. 성막은 항상 이스라엘 진의 중앙에 위치하여 세워졌습니다. 성막 주위에는 각 지파별로 하나님께서 정하신 규칙에 따라 포진하였습니다.(부록에 실린 민수기 2장과 3장을 읽되, 지파의 이름과 자손의 이름이 등장하면 □ 표시를 하고 동서남북의 방향이 언급되면 ○표시를 하면서 읽으십시오.) 아래에 각 지파별 위치를 표시하십시오.

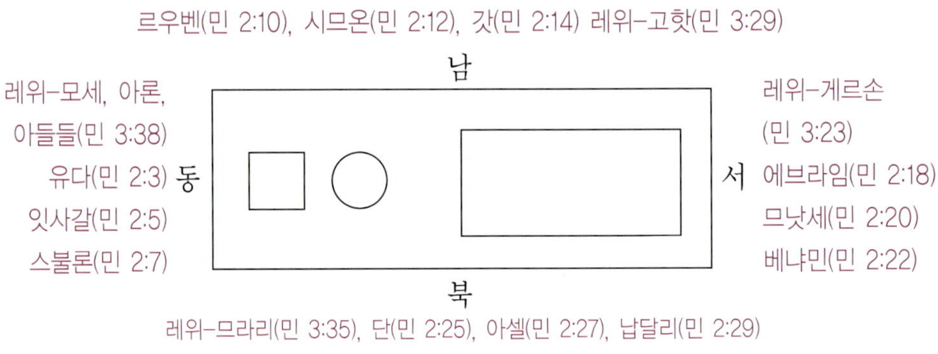

부록의 도표에서 "성막을 중심한 열두지파의 배치도"를 찾아 여러분이 표시한 것과 비교해 보십시오.

2. 부록에 있는 민수기 9장에 '유월절'에 대하여 △, '구름'에 대해서는 ☆, '북'에 대해서는 ○, '여호와의 명'에 대해서는 □ 표시를 하면서 4번 읽으십시오.
결국, 광야 생활에서 그들의 진정한 방향자는 누구였습니까?
여호와 하나님입니다.
a. 구름의 이동여하에 따라 움직였다(민 9:17-22).
b. 여호와의 명령에 따라 움직였다(민 9:18, 19, 20, 23).

3. 부록에 있는 민수기 10장을 읽고, 지파 이름이 나올 때마다 □ 표시를 하십시오. 아울러 행진시 지파별 위치도를 상세히 기록해 보십시오.

구름기둥과 불기둥
(신 1:33, 민 14:14)

유다(민 10:14)
잇사갈(민 10:15)
스블론(민 10:16)
레위-게르손,므라리(민 10:17)
르우벤(민 10:18)
시므온(민 10:19)
갓(민 10:20)
레위-고핫(민 10:21)
에브라임(민 10:22)
므낫세(민 10:23)
베냐민(민 10:24)
단(민 10:25)
아셀(민 10:26)
납달리(민 10:27)

신명기 1:33

33그는 너희 앞서 행하시며 장막 칠 곳을 찾으시고 밤에는 불로, 낮에는 구름으로
너희의 행할 길을 지시하신 자니라

민수기 14:14

14이 땅 거민에게 고하리이다 주 여호와께서 이 백성 중에 계심을 그들도 들었으
니 곧 주 여호와께서 대면하여 보이시며 주의 구름이 그들 위에 섰으며 주께서
낮에는 구름기둥 가운데서, 밤에는 불기둥 가운데서 그들 앞에서 행하시는 것이
니이다

4. 광야에서 이스라엘 백성들은 낮에는 구름기둥, 밤에는 불기둥의 움직임에 따라서 이동하였습니다. 구름기둥과 불기둥이 백성 앞에서 움직일 때 이스라엘 백성도 움직였고, 구름기둥과 불기둥이 멈출 때 백성들도 멈추어 섰던 것입니다. 백성들의 진정한 지휘관은 하나님이셨습니다. 백성의 진(陳)이 이동할 때는 유다(Judah)지파가 유다기(旗)를 앞세우고 앞장서서 행진하였습니다(민 10:13-14). 유다의 이름은 "여호와를 찬양한다"는 뜻으로, 하나님은 항상 먼저 찬양을 받으시기에 합당하신 분이며 찬양하는 사람은 항상 승리의 선두에서 진행하여야 하는 것입니다. 유다지파에 이어 잇사갈(Issachar)지파와 스블론(Zebulun)지파가 뒤를 이어서 행진하였고, 레위 자손 중 게르손 자손과 므라리 자손이 성막을 메고 발행하였습니다(민 10:15-17). 게르손 자손(Gershonites)은 성막과 장막 덮개, 회막 문장, 뜰의 휘장, 뜰의 문장과 줄을 두 개의 마차에 짐을 꾸려 실었으며, 므라리 자손(Merarites)은 성막의 널판, 띠, 기둥, 받침, 모든 기구, 뜰 사면 기둥과 받침, 말뚝과 줄을 네 개의 마차 위에 짐을 꾸려 뒤따랐습니다. 마

차 뒤에는 르우벤(Reuben)의 깃발 아래 시므온(Simeon), 갓(Gad)지파가 뒤따랐으며 그 뒤로는 고핫(Kohathies)족속이 성물 즉, 진설상과 등대, 향단 그리고 휘장을 어깨에 메고 뒤따랐습니다. 다음으로 에브라임(Ephraim)의 깃발 아래 므낫세(Manasseh)와 베냐민(Benjamin)지파가 뒤따랐고 이어서 단(Dan)의 깃발 아래 아셀(Asher)과 납달리(Naphtali)자손이 행진하였습니다. 그런데 여호와의 언약궤는 이스라엘 백성들이 여호와의 산에서 떠나 삼일 길을 행할 때 그 삼일 길을 앞서 행하며 백성들이 쉴 곳을 찾았습니다(민 10:33). 언약궤는 백성들의 갈 길과 쉴 곳을 향도하는 하나님의 나침판 역할을 하였습니다. 하나님은 광야에서 행진하는 이스라엘 백성들이 오합지졸로 방황하는 삶을 원치 아니하셨습니다. 질서정연하게 행군하고 일정한 격식을 따라 진지를 구축하기를 원하셨습니다.

우리가 믿는 하나님은 어떤 분이십니까? 질서의 하나님이십니다. 하나님께서는 우리로부터 계통을 바로 세우고 격식 있는 삶, 질서가 바로잡히고 훈련된 삶을 기대하시며 요구하십니다. 최근 여러분의 삶 가운데 무질서하거나 혼돈된 부분은 없습니까? 여기에 기록하면서 질서의 하나님을 묵상하십시오.

4 일

1. 출애굽기 27:9-19과 38:19-20을 읽고 다음 괄호 부분을 채우십시오. 본문에서 나오는 뜰은 장막의 담장으로 이루어졌습니다.

출애굽기 27:9-19; 38:19-20

27:9너는 성막의 뜰을 만들지니 남을 향하여 뜰 남편에 광이 백 규빗의 세마포장을 쳐서 그 한 편을 당하게 할지니 10그 기둥이 스물이며 그 받침 스물은 놋으로

하고 그 기둥의 갈고리와 가름대는 은으로 할지며 [11]그 북편에도 광이 백 규빗의
포장을 치되 그 기둥이 스물이며 그 기둥의 받침 스물은 놋으로 하고 그 기둥의
갈고리와 가름대는 은으로 할지며 [12]뜰의 옆 곧 서편에 광 오십 규빗의 포장을
치되 그 기둥이 열이요 받침이 열이며 [13]동을 향하여 뜰 동편의 광도 오십 규빗
이 될지며 [14]문 이편을 위하여 포장이 십오 규빗이며 그 기둥이 셋이요 받침이
셋이요 [15]문 저편을 위하여도 포장이 십오 규빗이며 그 기둥이 셋이요 받침이 셋
이며 [16]뜰 문을 위하여는 청색 자색 홍색실과 가늘게 꼰 베실로 수놓아 짠 이십
규빗의 장이 있게 할지니 그 기둥이 넷이요 받침이 넷이며 [17]뜰 사면 모든 기둥
의 가름대와 갈고리는 은이요 그 받침은 놋이며 [18]뜰의 장은 백 규빗이요 광은
오십 규빗이요 세마포장의 고는 오 규빗이요 그 받침은 놋이며 [19]성막에서 쓰는
모든 기구와 그 말뚝과 뜰의 포장 말뚝을 다 놋으로 할지니라

[38:19]그 기둥은 넷인데 그 받침 넷은 놋이요 그 갈고리는 은이요 그 머리 싸개와
가름대도 은이며 [20]성막 말뚝과 뜰의 사면 포장 말뚝은 다 놋이더라

장막의 담을 이루는 기둥은 남쪽으로 (20)개, 북쪽으로 (20)개가 있습니다. 그리고 서쪽과 동쪽으로 각각 10개씩의 기둥이 있습니다. 이 기둥들을 둘러싸고 있는 휘장은 세마포로써, 이 휘장이 바로 장막의 담의 경계를 규정하고 있습니다. 세마포 포장은 북편과 남편으로 각각 (100) 규빗, 서편과 동편으로 각각 (50) 규빗이며, 높이는 (5) 규빗으로 되어 있습니다. 일반적으로 한 규빗의 길이는 우리의 손을 펴서 그 끝부터 팔꿈치를 조금 더 넘어가는 길이, 즉 두 뼘 정도로써 약 45cm입니다. 그래서 미터로 계산하면, 남쪽과 북쪽이 각각 약 45m, 서쪽과 동쪽이 각각 22.5m 가량 되며, 높이는 2m를 조금 넘는 정도가 됩니다. 이것이 장막을 에워싸고 있는 뜰의 포장의 크기입니다.

2. 뜰(담)을 형성하고 있는 휘장은 세마포였습니다. 세마포는 첫째, 벽의 역할을 하여 용건없는 사람들의 접근을 막습니다. 둘째, 들짐승 등이 성막 안으로 들어오지 못하도록 보호해줍니다. 셋째, 성막이 거룩한 곳임을 구별하여 나타냅니다. 요한계시록 19:7-8을 근거하여 볼 때, 세마포의 역할은 무엇입니까?

요한계시록 19:7-8

7우리가 즐거워하고 크게 기뻐하여 그에게 영광을 돌리세 어린 양의 혼인 기약이 이르렀고 그 아내가 예비하였으니 8그에게 허락하사 빛나고 깨끗한 세마포를 입게 하셨은즉 이 세마포는 성도들의 옳은 행실이로다 하더라

성도들의 옳은 행실입니다(계 19:8).

5 일

1. 성막의 전체 구조는 뜰, 성소, 지성소의 3부분으로 이루어져 있었습니다. 성막 뜰에 들어가는 문을 "뜰문"(the Gate)(출 27:16), 성소에 들어가는 문을 "성막문"(the Vail Door)(출 26:36), 지성소에 들어가는 문을 "장"(the Vail) 또는 "휘장"이라고 불렀습니다.

출애굽기 27:16 ; 26:36

27:16뜰문을 위하여는 청색 자색 홍색실과 가늘게 꼰 베실로 수놓아 짠 이십 규빗의 장이 있게 할찌니 그 기둥이 넷이요 받침이 넷이며

26:36청색 자색 홍색실과 가늘게 꼰 베실로 수놓아 짜서 성막 문을 위하여 장을 만들고

뜰문은 입구가 넓었는데, 그것은 누구든지 예수 그리스도를 믿으면 구원의 문

에 들어갈 수 있다는 사실을 나타내고 있는 것입니다.

로마서 10:13

13누구든지 주의 이름을 부르는 자는 구원을 얻으리라

여러분은 예수님만이 유일한 구원의 문임을 증거하는 말씀들을 기억하고 있습니까?

요한복음 10:9; 14:6

10:9내가 문이니 누구든지 나로 말미암아 들어가면 구원을 얻고 또는 들어가며 나오며 꼴을 얻으리라

14:6예수께서 가라사대 내가 곧 길이요 진리요 생명이니 나로 말미암지 않고는 아버지께로 올 자가 없느니라

사도행전 4:12

12다른 이로서는 구원을 얻을 수 없나니 천하 인간에 구원을 얻을 만한 다른 이름을 우리에게 주신 일이 없음이니라 하였더라

2. 부록에 있는 출애굽기 27:9-19 및 38:9-20을 읽고 성막의 뜰 구조를 그려 보십시오.

3. 뜰문은 문장으로 덮여져 있는데 문장은 무엇으로 만들어져 있습니까?

출애굽기 38:18

18뜰의 문장을 청색 자색 홍색실과 가늘게 꼰 베실로 수놓아 짰으니 장은 이십규빗이요 광 곧 고는 뜰의 포장과 같이 오 규빗이며

청색 · 자색 · 홍색실과 가늘게 꼰 베실로 수놓아 짰습니다(출 38:18).

4. 문장의 색깔들은 그리스도와 어떤 관계를 의미합니까?

1) 청색

출애굽기 24:10

10이스라엘 하나님을 보니 그 발 아래에는 청옥을 편듯하고 하늘같이 청명하더라

에스겔 1:26

26그 머리 위에 있는 궁창 위에 보좌의 형상이 있는데 그 모양이 남보석 같고 그 보좌의 형상 위에 한 형상이 있어 사람의 모양 같더라

청색 – 하늘을 상징하며, 예수 그리스도는 하늘로부터 오신 분을 의미합니다.

2) 자색

마가복음 15:17-18

17예수에게 자색 옷을 입히고 가시 면류관을 엮어 씌우고 18예하여 가로되 유대인의 왕이여 평안할지어다 하고

사사기 8:26

26기드온의 청한 바 금 귀고리 중수가 금 일천칠백 세겔이요 그 외에 또 새 달 형상의 장식과 패물과 미디안 왕들의 입었던 자색 의복과 그 약대 목에 둘렀

던 사슬이 있었더라

자색- 예수 그리스도의 왕권을 상징합니다.

3) 홍색

이사야 63:3

3만민 중에 나와 함께한 자가 없이 내가 홀로 포도즙틀을 밟았는데 내가 노함을 인하여 무리를 밟았고 분함을 인하여 짓밟았으므로 그들의 선혈이 내 옷에 뛰어 내 의복을 다 더럽혔음이니

요한계시록 5:9-10

9새 노래를 노래하여 가로되 책을 가지시고 그 인봉을 떼기에 합당하시도다 일찍 죽임을 당하사 각 족속과 방언과 백성과 나라 가운데서 사람들을 피로
사서 하나님께 드리시고 10저희로 우리 하나님 앞에서 나라와 제사장을 삼으셨으니 저희가 땅에서 왕 노릇 하리로다 하더라

히브리서 9:19

19모세가 율법대로 모든 계명을 온 백성에게 말한 후에 송아지와 염소의 피와 및 물과 붉은 양털과 우슬초를 취하여 그 책과 온 백성에게 뿌려

홍색- 예수 그리스도의 보혈, 그리스도의 구속함을 상징합니다

4) 흰색

베드로전서 1:19

19오직 흠 없고 점 없는 어린양 같은 그리스도의 보배로운 피로 한 것이니라

시편 51:7

7우슬초로 나를 정결케 하소서 내가 정하리이다 나를 씻기소서 내가 눈보다 희리이다

요한계시록 3:5

5이기는 자는 이와 같이 흰 옷을 입을 것이요 내가 그 이름을 생명책에서 반드시 흐리지 아니하고 그 이름을 내 아버지 앞과 그 천사들 앞에서 시인하리라

마가복음 9:3

3그 옷이 광채가 나며 세상에서 빨래하는 자가 그렇게 희게 할 수 없을 만큼 심히 희어졌더라

흰색 – 예수 그리스도의 의를 상징합니다.

5. 말뚝은 몇 개로 지탱하며, 어떤 역할을 합니까? 여기서 말뚝은 못(Pin)을 의미합니다.

출애굽기 27:16-19

16뜰문을 위하여는 청색 자색 홍색실과 가늘게 꼰 베실로 수놓아 짠 이십 규빗의
장이 있게 할지니 그 기둥이 넷이요 받침이 넷이며 17뜰 사면 모든 기둥의 가름
대와 갈고리는 은이요 그 받침은 놋이며 18뜰의 장은 백 규빗이요 광은 오십 규
빗이요 세마포장의 고는 오 규빗이요 그 받침은 놋이며 19성막에서 쓰는 모든 기
구와 그 말뚝과 뜰의 포장 말뚝을 다 놋으로 할지니라

이사야 22:23-25

23못이 단단한 곳에 박힘같이 그를 견고케 하리니 그가 그 아비 집에 영광의 보
좌가 될 것이요 24그 아비 집의 모든 영광이 그 위에 걸리리니 그 후손과 족속 되
는 각 작은 그릇 곧 종지로부터 항아리까지리라 25만군의 여호와께서 가라사대
그날에는 단단한 곳에 박혔던 못이 삭으리니 그 못이 부러져 떨어지므로 그 위에
걸린 물건이 파쇄되리라 하셨다 하라 나 여호와의 말이니라

말뚝은 4개로(출 27:16), 단단히 박힌 못과 같이 견고하게 합니다(사 22:23).

6. 성막의 뜰 기둥은 조각목(아카시아 나무)으로 되어 있으며 머리는 은으로 씌웠고(출 38:17), 받침(출 27:10; 38:17) 및 말뚝(못, 출 35:18; 39:40; 민 3:37; 4:32)은 놋으로 만들었으며, 갈고리 및 가름대는 은으로 만들었습니다(출 27:10; 38:17). 뜰의 기둥을 안전하게 고정시키기 위하여 줄로 붙들어 메어 말뚝(못)을 박았던 것입니다(출 35:18; 39:40; 민 3:26-27; 4:26; 4:32).

출애굽기 38:17

17기둥 받침은 놋이요 기둥의 갈고리와 가름대는 은이요 기둥머리 싸개는 은이며 뜰의 모든 기둥에 은 가름대를 꿰었으며

출애굽기 27:10

10그 기둥이 스물이며 그 받침 스물은 놋으로 하고 그 기둥의 갈고리와 가름대는 은으로 할지며

출애굽기 35:18

18장막 말뚝과 뜰의 포장 말뚝과 그 줄과

출애굽기 39:40

40뜰의 포장들과 그 기둥들과 그 받침들과 뜰문의 장과 그 줄들과 그 말뚝들과 회막의 소용 곧 성막의 모든 기구와

민수기 3:37

37뜰 사면 기둥과 그 받침과 그 말뚝과 그 줄들이니라

민수기 4:32

32뜰 사면 기둥들과 그 받침들과 그 말뚝들과 그 줄들과 그 모든 기구들과 무릇 그것에 쓰는 것이라 너희는 그들의 맡아 멜 모든 기구의 명목을 지정하라

민수기 3:26-27

26뜰의 휘장과 및 성막과 단 사면에 있는 뜰의 문장과 그 모든 것에 쓰는 줄들이
니라 27고핫에게서는 아므람 가족과 이스할 가족과 헤브론 가족과 웃시엘 가족
이 났으니 이들이 곧 고핫 가족들이라

민수기 4:26

26뜰의 휘장과 및 성막과 단 사면에 있는 뜰의 문장과 그 줄들과 그것에 사용하
는 모든 기구를 메이며 이 모든 것을 어떻게 맡아 처리할 것이라

광야에 세워진 성막과 뜰의 울타리는 못, 나사, 돌쩌귀 또는 아교 등을 사용하지 아니하고 지은 조립식 운반용(Portable)이었습니다. 그러나 아주 견고하게 건조되어 40여년 동안이나 사막의 모든 돌풍을 맞았어도 쓰러지지 아니했던 견고한 건물이었습니다. 뜰의 울타리도 그러하였습니다. 기둥과 받침대가 튼튼하였고 밧줄로 강하게 묶어 땅에 말뚝(못)을 박음으로 온갖 풍상에 견디어 내도록 설계되었습니다.

그리스도는 우리를 견고히 지키시는 기둥이요, 받침대이십니다. 그리스도 안에 평강이 있고 안전보장책이 있습니다. 그리스도께서 우리를 기둥으로 받침대로 견고히 붙들고 계시기 때문에 우리는 두려울 것이 없으며 그리스도 안에서 하나님과 사귐을 가질 수 있습니다. 이스라엘 백성들은 성막의 문 안에 거하며 하나님과 사귐을 갖기를 간절히 사모했습니다. 그 사모의 정이 사무치는 시 한 편을 묵상해봅시다.

"만군의 여호와여 주의 장막이 어찌 그리 사랑스러운지요 내 영혼이 여호와의 궁정을 사모하여 쇠약함이여 내 마음과 육체가 생존하시는 하나님께 부르짖나이다. 나의 왕, 나의 하나님, 만군의 여호와여 주의 제단에서 참새도 제 집을 얻고 제비도 새끼 둘 보금자리를 얻었나이다. 주의 집에 거하는 자가 복이 있나이다. 저희가 항상 주를 찬송하리이다(셀라)" (시 84:1-4).

3과
번제단

1-2 일 조각목에는 □, 놋에는 ○ 표시를 하면서 아래의 본문을 읽으십시오.

"너는 조각목으로 장이 오 규빗, 광이 오 규빗의 단을 만들되 네모반듯하게 하며 고는 삼 규빗으로 하고 그 네 모퉁이 위에 뿔을 만들되 그 뿔이 그것에 연하게 하고 그 단을 놋으로 쌀지며 재를 담는 통과 부삽과 대야와 고기 갈고리와 불 옮기는 그릇을 만들되 단의 그릇을 다 놋으로 만들지며 단을 위하여 놋으로 그물을 만들고 그 위 네 모퉁이에 놋고리 넷을 만들고 그물은 단 사면 가장자리 아래 곧 단 절반에 오르게 할지며 또 그 단을 위하여 채를 만들되 조각목으로 만들고 놋으로 쌀지며 단 양편 고리에 그 채를 꿰어 단을 메게 할지며 단을 널판으로 비게 만들되 산에서 네게 보인 대로 그들이 만들지니라" (출 27:1-8).

1. 위의 말씀을 근거로 하여 아래 빈 칸을 채우십시오.

제단은 (조각목)으로 만들어졌으며 (놋)으로 싸여졌다(2절). 제단의 길이는 (225cm), 넓이는 (225cm), 그리고 높이는 (135cm)였고, 각 모퉁이에는 (뿔)이 있었다. 단을 위하여 놋으로 만든 (그물)이 있었고, 그 위 네 모퉁이에는 (놋고리)가 네 개 붙여져 있었다.
(1규빗=45cm)

2. 고리에 꿰어 단을 메는 것은 무엇입니까?
'채' (막대기)

3. 채는 무엇으로 만들어졌습니까?

조각목으로 만들고 겉을 놋으로 쌌습니다.

채의 목적은 무엇입니까?

이동을 위해서 만들어졌습니다.

4. 제단은 어떻게 만들어졌습니까?

하나님께서 모세에게 지시하시고 보이신 대로 만들었습니다.

5. 조각목은 시나이반도 사막, 특히 마른 하상에서 자라며 아카시아 나무의 일종입니다. 이 나무는 외적으로는 볼품이 없으나 내구성이 강하며 단단하고 육중하여 거의 부러지지 않는 성질을 가지고 있고, 예쁜 열매도 맺습니다. 대부분 밝은 노랑이나 흰 색깔의 꽃을 가지며 향료의 원료로 사용되어지는 향기를 갖고 있으며 '사막에서 자라나는 아카시아' 라고 일컬어집니다. 바로 이 조각목으로 번제단을 만들었고, 이 조각목은 놋으로 포장되었습니다. 어떤 학자들은 이사야서 53장의 말씀을 근거로 하여 이 조각목은 고난 당하신 예수님의 인성을 상징한다고 말하기도 합니다. 예수님은 하늘의 보좌를 버리시고 유혹의 땅으로 오셨습니다. 십자가에 피흘리기까지 고통을 당하셔서 외적으로는 볼품이 없게 되시기도 하셨으나 강인한 믿음으로 견디어 내셨습니다.

이사야 53:1-6

1우리의 전한 것을 누가 믿었느뇨 여호와의 팔이 뉘게 나타났느뇨 2그는 주 앞에
서 자라나기를 연한 순 같고 마른 땅에서 나온 줄기 같아서 고운 모양도 없고 풍

채도 없은즉 우리의 보기에 흠모할 만한 아름다운 것이 없도다 [3]그는 멸시를 받
아서 사람에게 싫어 버린 바 되었으며 간고를 많이 겪었으며 질고를 아는 자라
마치 사람들에게 얼굴을 가리우고 보지 않음을 받는 자 같아서 멸시를 당하였고
우리도 그를 귀히 여기지 아니하였도다 [4]그는 실로 우리의 질고를 지고 우리의
슬픔을 당하였거늘 우리는 생각하기를 그는 징벌을 받아서 하나님에게 맞으며
고난을 당한다 하였노라 [5]그가 찔림은 우리의 허물을 인함이요 그가 상함은 우
리의 죄악을 인함이라 그가 징계를 받음으로 우리가 평화를 누리고 그가 채찍에
맞음으로 우리가 나음을 입었도다 [6]우리는 다 양 같아서 그릇 행하여 각기 제 길
로 갔거늘 여호와께서는 우리 무리의 죄악을 그에게 담당시키셨도다

6. 놋

1) 민 21:4-9을 읽고 다음 질문에 답하십시오.

민수기 21:4-9

[4]백성이 호르산에서 진행하여 홍해 길로 좇아 에돔 땅을 둘러 행하려 하였다
가 길로 인하여 백성의 마음이 상하니라 [5]백성이 하나님과 모세를 향하여 원
망하되 어찌하여 우리를 애굽에서 인도하여 올려서 이 광야에서 죽게 하는고
이곳에는 식물도 없고 물도 없도다 우리 마음이 이 박한 식물을 싫어하노라
하매 [6]여호와께서 불뱀들을 백성 중에 보내어 백성을 물게 하시므로 이스라
엘 백성 중에 죽은 자가 많은지라 [7]백성이 모세에게 이르러 가로되 우리가 여
호와와 당신을 향하여 원망하므로 범죄하였사오니 여호와께 기도하여 이 뱀
들을 우리에게서 떠나게 하소서 모세가 백성을 위하여 기도하매 [8]여호와께서
모세에게 이르시되 불뱀을 만들어 장대 위에 달라 물린 자마다 그것을 보면
살리라 [9]모세가 놋뱀을 만들어 장대 위에 다니 뱀에게 물린 자마다 놋뱀을 쳐
다본즉 살더라

① 무엇 때문에 많은 사람들이 죽게 되었습니까?

먹는 문제로 인해 하나님께 원망하는 이스라엘 백성에게(민 21:5) 하나님께서 불뱀을 보내어 물게 하시므로 많은 사람들이 죽게 되었습니다(민 21:6).

② 모세가 놋으로 만든 것은 무엇입니까?

불뱀(민 21:8)

③ 모세는 그것을 어디에 달았습니까?

장대 위(민 21:9)

이스라엘 백성들이 하나님을 원망했을 때 하나님께서는 불뱀을 보내셔서 그들을 물게 하셨습니다. 불뱀에 물리는 징계를 받고 나서 그들이 살려달라고 요청하자, 하나님께서는 그들을 불쌍히 여기시고, 그들을 대신한 희생의 제물을 통해 그들이 나음을 얻을 수 있다는 희망의 약속으로, 모세에게 장대 끝에 놋뱀을 매달라고 하신 것입니다. 이 사건에서 놋은 하나님의 어떤 성품을 나타냅니까?

심판하시는 하나님을 나타내는 동시에 용서해주시는 하나님의 성품을 나타냅니다. 하나님은 자비하시고 긍휼하시며 노하기를 더디하시는 분입니다.

2) 신 28:22-23에서 놋은 어떤 기능을 합니까?

신명기 28:22-23

22여호와께서 폐병과 열병과 상한과 학질과 한재와 풍재와 썩는 재앙으로 너를 치시리니 이 재앙들이 너를 따라서 너를 진멸케 할 것이라 23네 머리 위의 하늘은 놋이 되고 네 아래의 땅은 철이 될 것이며

심판하시는 하나님을 상징합니다.

성경에서 '놋'은 하나님의 심판을 묘사합니다. 하나님께서는 하나님을 원망했던 이스라엘 백성들이 받아야 할 죽음의 죄 값을 장대 끝에 달린 놋뱀에게 전가시켰습니다. 이 놋뱀을 바라본 자마다 나음을 얻은 것은 백성이 받아야 할 심판이 놋뱀에게 전가되었기 때문입니다. 여기서도 놋은 심판을 상징합니다.

3 일 1. 뿔

1) 번제단의 네 모퉁이 위에는 무엇이 달려 있습니까? 모두 몇 개입니까?

4개의 뿔이 달려 있습니다.

2) 번제단의 뿔은 사형 선고에 처해질 가능성이 있는 범죄인들에게 어떤 역할을 했습니까?

열왕기상 1:50-51; 2:28

1:50아도니야도 솔로몬을 두려워하여 일어나 가서 제단 뿔을 잡으니 51혹이 솔로몬에게 고하여 가로되 아도니야가 솔로몬왕을 두려워하여 지금 제단 뿔을 잡고 말하기를 솔로몬왕이 오늘날 칼로 자기 종을 죽이지 않겠다고 내게 맹세하기를 원한다 하나이다

2:28그 소문이 요압에게 들리매 저가 여호와의 장막으로 도망하여 단 뿔을 잡으니 이는 저가 다윗을 떠나 압살롬을 좇지 아니하였으나 아도니야를 좇았음이더라

사형을 시킬 수 없게 됩니다.

3) 결국 네 개의 뿔은 우리에게 어떤 의미를 부여해 줍니까?

시편 18:2

2여호와는 나의 반석이시요 나의 요새시요 나를 건지시는 자시요 나의 하나님 이시요 나의 피할 바위시요 나의 방패시요 나의 구원의 뿔이시요 나의 산성이시로다

하나님의 구원하심을 의미합니다.

2. 번제단의 부속물들

1) 부록에서 출애굽기 27:1-8; 38:1-7 및 아래의 성구를 참조하여 번제단의 부속물들의 명칭과 용도에 대해 설명해 보십시오.

출애굽기 20:24-26

24내게 토단을 쌓고 그 위에 너의 양과 소로 너의 번제와 화목제를 드리라 내가 무릇 내 이름을 기념하게 하는 곳에서 네게 강림하여 복을 주리라
25네가 내게 돌로 단을 쌓거든 다듬은 돌로 쌓지 말라 네가 정으로 그것을 쪼면 부정하게 함이니라
26너는 층계로 내 단에 오르지 말라 네 하체가 그 위에서 드러날까 함이니라

① 통- 번제물을 태워 남은 재를 담아서 버리기 위한 도구입니다.

② 부삽- 번제단의 불이 꺼지지 않도록 재를 긁어 모으기 위해 사용된 도구입니다.

③ 대야- 번제단에 드릴 희생 제물의 고기와 피를 담아 운반하는 그릇입니다.

④ 고기 갈고리- 번제물이 떨어지지 않고 잘 타게 붙잡아 주는 도구입니다.

⑤ 화로- 번제단 위의 불을 옮기는 그릇입니다.

2) 이러한 부속물들이 갖는 영적 의미는 무엇입니까?

① 통- 성도들의 허물과 연약함을 담을 수 있는 통이 되어야 함을 의미합니다.

② 부삽- 인간들의 죄를 긁어 모으고 문제를 없애며 성령의 불이 꺼지지 않게 하는 부삽이 되어야 함을 의미합니다.

③ 대야- 죄 많은 세상 사람들을 교회로 전도해 오는 역할을 해야 함을 의미합니다.

④ 고기 갈고리- 성도들이 교회에서 떨어져 나가지 않도록 사랑의 갈고리로 잘 돌보는 역할을 해야 함을 의미합니다.

⑤ 화로- 교회 안에서 뜨거운 전도의 불, 기도의 불, 찬양의 불이 꺼지지 않도록 해야 함을 의미합니다.

4-5 일 불

1. 번제단의 부속물들은 모두 불과 관련된 것들입니다. 번제단은 불로 태워서 드리는 단이므로 전적으로 불이 중요한 역할을 합니다. 처음 성막이 완공되어 번제를 드림으로 봉헌 예식을 거행할 때 제물에 불이 어떻게 붙여졌습니까?

레위기 9:24

24불이 여호와 앞에서 나와 단 위의 번제물과 기름을 사른지라 온 백성이 이를 보고 소리지르며 엎드렸더라

하나님으로부터 불이 나와 제물을 태웠습니다(레 9:24).

2. 이 기적에 대해 백성들은 어떻게 반응합니까?

그것을 보고 소리를 지르며 엎드렸습니다.

3. 다음 질문을 읽고 답하십시오.

1) 점화식 이후 이 제단의 불은 필요할 때마다 다시 붙여야 했습니까?

레위기 6:12-13

12단 위에 불은 항상 피워 꺼지지 않게 할지니 제사장은 아침마다 나무를 그
위에 태우고 번제물을 그 위에 벌여 놓고 화목제의 기름을 그 위에 사를지며
13불은 끊이지 않고 단 위에 피워 꺼지지 않게 할지니라

아닙니다. 번제단의 불이 항상 꺼지지 않게 피웠습니다(레 6:12).

2) 이 사실은 죄인들을 향한 그리스도의 구속 사역이 어떤 특징을 지니고 있음을 상징합니까?

번제단의 불을 계속해서 꺼뜨리지 못하게 함은 예수 그리스도의 구속 사역이 모든 죄인들에게 계속해서 주어져야 하며, 완전하고 연속적으로 이뤄져야 할 것을 상징합니다.

4. 아래의 성경 구절을 통하여 이스라엘 역사 속에서 불로 심판이 내려졌던 사건들을 정리해 보십시오.

1) 창세기 18:20-19:28

20여호와께서 또 가라사대 소돔과 고모라에 대한 부르짖음이 크고 그 죄악이 심
히 중하니 21내가 이제 내려가서 그 모든 행한 것이 과연 내게 들린 부르짖음과
같은지 그렇지 않은지 내가 보고 알려 하노라 22그 사람들이 거기서 떠나 소돔으
로 향하여 가고 아브라함은 여호와 앞에 그대로 섰더니 23가까이 나아가 가로되
주께서 의인을 악인과 함께 멸하시려나이까 24그 성중에 의인 오십이 있을지라
도 주께서 그곳을 멸하시고 그 오십 의인을 위하여 용서치 아니하시리이까 25주
께서 이같이 하사 의인을 악인과 함께 죽이심은 불가하오며 의인과 악인을 균등
히 하심도 불가하니이다 세상을 심판하시는 이가 공의를 행하실 것이 아니니이

까 26여호와께서 가라사대 내가 만일 소돔 성중에서 의인 오십을 찾으면 그들을
위하여 온 지경을 용서하리라 27아브라함이 말씀하여 가로되 티끌과 같은 나라
도 감히 주께 고하나이다 28오십 의인 중에 오 인이 부족할 것이면 그 오 인 부족
함을 인하여 온 성을 멸하시리이까 가라사대 내가 거기서 사십오 인을 찾으면 멸
하지 아니하리라 29아브라함이 또 고하여 가로되 거기서 사십 인을 찾으시면 어
찌 하시려나이까 가라사대 사십 인을 인하여 멸하지 아니하리라 30아브라함이
가로되 내 주여 노하지 마옵시고 말씀하게 하옵소서 거기서 삼십 인을 찾으시면
어찌 하시려나이까 가라사대 내가 거기서 삼십 인을 찾으면 멸하지 아니하리라
31아브라함이 또 가로되 내가 감히 내 주께 고하나이다 거기서 이십 인을 찾으시
면 어찌 하시려나이까 가라사대 내가 이십 인을 인하여 멸하지 아니하리라 32아
브라함이 또 가로되 주는 노하지 마옵소서 내가 이번만 더 말씀하리이다 거기서
십 인을 찾으시면 어찌 하시려나이까 가라사대 내가 십 인을 인하여도 멸하지 아
니하리라 33여호와께서 아브라함과 말씀을 마치시고 즉시 가시니 아브라함도 자
기 곳으로 돌아갔더라 19:1날이 저물 때에 그 두 천사가 소돔에 이르니 마침 롯이
소돔 성문에 앉았다가 그들을 보고 일어나 영접하고 땅에 엎드리어 절하여 2가
로되 내 주여 돌이켜 종의 집으로 들어와 발을 씻고 주무시고 일찍이 일어나 갈
길을 가소서 그들이 가로되 아니라 우리가 거리에서 경야하리라 3롯이 간청하매
그제야 돌이켜서 그 집으로 들어오는지라 롯이 그들을 위하여 식탁을 베풀고 무
교병을 구우니 그들이 먹으니라 4그들의 눕기 전에 그 성 사람 곧 소돔 백성들이
무론 노소하고 사방에서 다 모여 그 집을 에워싸고 5롯을 부르고 그에게 이르되
이 저녁에 네게 온 사람이 어디 있느냐 이끌어내라 우리가 그들을 상관하리라 6
롯이 문밖의 무리에게로 나가서 뒤로 문을 닫고 7이르되 청하노니 내 형제들아
이런 악을 행치 말라 8내게 남자를 가까이 아니한 두 딸이 있노라 청컨대 내가 그
들을 너희에게로 이끌어내리니 너희 눈에 좋은 대로 그들에게 행하고 이 사람들
은 내 집에 들어왔은즉 이 사람들에게는 아무 짓도 하지 말라 9그들이 가로되 너
는 물러나라 또 가로되 이 놈이 들어와서 우거하면서 우리의 법관이 되려 하는도
다 이제 우리가 그들보다 너를 더 해하리라 하고 롯을 밀치며 가까이 나아와서
그 문을 깨치려 하는지라 10그 사람들이 손을 내밀어 롯을 집으로 끌어들이고 문
을 닫으며 11문밖의 무리로 무론 대소하고 그 눈을 어둡게 하니 그들이 문을 찾
느라고 곤비하였더라 12그 사람들이 롯에게 이르되 이 외에 네게 속한 자가 또

있느냐 네 사위나 자녀나 성중에 네게 속한 자들을 다 성밖으로 이끌어내라 13그
들에 대하여 부르짖음이 여호와 앞에 크므로 여호와께서 우리로 이곳을 멸하러
보내셨나니 우리가 멸하리라 14롯이 나가서 그 딸들과 정혼한 사위들에게 고하
여 이르되 여호와께서 이 성을 멸하실 터이니 너희는 일어나 이곳에서 떠나라 하
되 그 사위들이 농담으로 여겼더라 15동틀 때에 천사가 롯을 재촉하여 가로되 일
어나 여기 있는 네 아내와 두 딸을 이끌라 이 성의 죄악 중에 함께 멸망할까 하노
라 16그러나 롯이 지체하매 그 사람들이 롯의 손과 그 아내의 손과 두 딸의 손을
잡아 인도하여 성밖에 두니 여호와께서 그에게 인자를 더하심이었더라 17그 사
람들이 그들을 밖으로 이끌어낸 후에 이르되 도망하여 생명을 보존하라 돌아보
거나 들에 머무르거나 하지 말고 산으로 도망하여 멸망함을 면하라 18롯이 그들
에게 이르되 내 주여 그리 마옵소서 19종이 주께 은혜를 얻었고 주께서 큰 인자
를 내게 베푸사 내 생명을 구원하시오나 내가 도망하여 산까지 갈 수 없나이다
두렵건대 재앙을 만나 죽을까 하나이다 20보소서 저 성은 도망하기 가깝고 작기
도 하오니 나로 그곳에 도망하게 하소서 이는 작은 성이 아니니이까 내 생명이
보존되리이다 21그가 그에게 이르되 내가 이 일에도 네 소원을 들었은즉 너의 말
하는 성을 멸하지 아니하리니 22그리로 속히 도망하라 네가 거기 이르기까지는
내가 아무 일도 행할 수 없노라 하였더라 그러므로 그 성 이름을 소알이라 불렀
더라 23롯이 소알에 들어갈 때에 해가 돋았더라 24여호와께서 하늘 곧 여호와에
게로서 유황과 불을 비같이 소돔과 고모라에 내리사 25그 성들과 온 들과 성에
거하는 모든 백성과 땅에 난 것을 다 엎어 멸하셨더라 26롯의 아내는 뒤를 돌아
본 고로 소금 기둥이 되었더라 27아브라함이 그 아침에 일찍이 일어나 여호와의
앞에 섰던 곳에 이르러 28소돔과 고모라와 그 온 들을 향하여 눈을 들어 연기가
옹기점 연기같이 치밀음을 보았더라

소돔과 고모라 성의 범죄에 대해서 유황과 불로 심판하셨습니다.

2) 출애굽기 9:23-24

23모세가 하늘을 향하여 지팡이를 들매 여호와께서 뇌성과 우박을 보내시고 불
을 내려 땅에 달리게 하시니라 여호와께서 우박을 애굽 땅에 내리시매 24우박의
내림과 불덩이가 우박에 섞여 내림이 심히 맹렬하니 애굽 전국에 그 개국 이래로

그같은 것이 없던 것이라

모세를 통해서 애굽에 우박과 불덩이로 재앙을 내리셨습니다.

3) 레위기 10:1-2

1아론의 아들 나답과 아비후가 각기 향로를 가져다가 여호와의 명하시지 않은
다른 불을 담아 여호와 앞에 분향하였더니 2불이 여호와 앞에서 나와 그들을 삼
키매 그들이 여호와 앞에서 죽은지라

아론의 아들 나답과 아비후가 여호와의 명하시지 않은 다른 불로 분향하다가 불로 심판을 받아 죽임을 당했습니다.

4) 민수기 11:1-2

1백성이 여호와의 들으시기에 악한 말로 원망하매 여호와께서 들으시고 진노하
사 여호와의 불로 그들 중에 붙어서 진 끝을 사르게 하시매 2백성이 모세에게 부
르짖으므로 모세가 여호와께 기도하니 불이 꺼졌더라

광야에서 이스라엘 백성들이 하나님을 향해 원망할 때에 여호와의 불로 심판을 받았습니다.

5) 민수기 16:28-35

28모세가 가로되 여호와께서 나를 보내사 이 모든 일을 행케 하신 것이요 나의
임의로 함이 아닌 줄을 이 일로 인하여 알리라 29곧 이 사람들의 죽음이 모든 사
람과 일반이요 그들의 당하는 벌이 모든 사람의 당하는 벌과 일반이면 여호와께
서 나를 보내심이 아니어니와 30만일 여호와께서 새 일을 행하사 땅으로 입을 열
어 이 사람들과 그들의 모든 소속을 삼켜 산 채로 음부에 빠지게 하시면 이 사람
들이 과연 여호와를 멸시한 것인 줄을 너희가 알리라 31이 모든 말을 마치는 동
시에 그들의 밑의 땅이 갈라지니라 32땅이 그 입을 열어 그들과 그 가족과 고라
에게 속한 모든 사람과 그 물건을 삼키매 33그들과 그 모든 소속이 산 채로 음부
에 빠지며 땅이 그 위에 합하니 그들이 총회 중에서 망하니라 34그 주위에 있는

온 이스라엘이 그들의 부르짖음을 듣고 도망하며 가로되 땅이 우리도 삼킬까 두
렵다 하였고 35여호와께로서 불이 나와서 분향하는 이백오십 인을 소멸하였더라
모세를 대적하던 고라의 자손들을 불로 심판하셨습니다.

6) 열왕기하 1:7-16

7왕이 저희에게 이르되 올라와서 너희를 만나 이 말을 너희에게 고한 그 사람의
모양이 어떠하더냐 8저희가 대답하되 그는 털이 많은 사람인데 허리에 가죽 띠
를 띠었더이다 왕이 가로되 그는 디셉 사람 엘리야로다 9이에 오십부장과 그 오
십 인을 엘리야에게로 보내매 저가 엘리야에게로 올라가서 본즉 산꼭대기에 앉
았는지라 저가 엘리야에게 이르되 하나님의 사람이여 왕의 말씀이 내려오라 하
셨나이다 10엘리야가 오십부장에게 대답하여 가로되 내가 만일 하나님의 사람이
면 불이 하늘에서 내려와서 너와 너의 오십 인을 사를지로다 하매 불이 곧 하늘
에서 내려와서 저와 그 오십 인을 살랐더라 11왕이 다시 다른 오십부장과 그 오
십 인을 엘리야에게로 보내니 저가 엘리야에게 일러 가로되 하나님의 사람이여
왕의 말씀이 속히 내려오라 하셨나이다 12엘리야가 저희에게 대답하여 가로되
내가 만일 하나님의 사람이면 불이 하늘에서 내려와서 너와 너의 오십 인을 사를
지로다 하매 하나님의 불이 곧 하늘에서 내려와서 저와 그 오십 인을 살랐더라
13왕이 세 번째 오십부장과 그 오십 인을 보낸지라 셋째 오십부장이 올라가서 엘
리야의 앞에 이르러 꿇어 엎드려 간구하여 가로되 하나님의 사람이여 원컨대 나
의 생명과 당신의 종인 이 오십 인의 생명을 당신은 귀히 보소서 14불이 하늘에
서 내려와서 전번의 오십부장 둘과 그 오십 인들을 살랐거니와 나의 생명을 당신
은 귀히 보소서 하매 15여호와의 사자가 엘리야에게 이르되 너는 저를 두려워 말
고 함께 내려가라 하신지라 엘리야가 곧 일어나 저와 함께 내려와서 왕에게 이르
러 16고하되 여호와의 말씀이 네가 사자를 보내어 에그론의 신 바알세붑에게 물
으려 하니 이스라엘에 그 말을 물을 만한 하나님이 없음이냐 그러므로 네가 그
올라간 침상에서 내려오지 못할지라 네가 반드시 죽으리라 하셨다 하니라

엘리야를 붙잡으려고 하던 아하시야 왕의 신하들을 하늘로부터 불이 내려 심판하였습니다.

5. 다음 신약의 구절에서 불은 주로 어떤 의미로 사용되었습니까?

데살로니가후서 1:7-8

7환난 받는 너희에게는 우리와 함께 안식으로 갚으시는 것이 하나님의 공의시니
주 예수께서 저의 능력의 천사들과 함께 하늘로부터 불꽃 중에 나타나실 때에 8
하나님을 모르는 자들과 우리 주 예수의 복음을 복종치 않는 자들에게 형벌을 주
시리니

누가복음 16:19-31

19한 부자가 있어 자색 옷과 고운 베옷을 입고 날마다 호화로이 연락하는데 20나
사로라 이름한 한 거지가 헌데를 앓으며 그 부자의 대문에 누워 21부자의 상에서
떨어지는 것으로 배불리려 하매 심지어 개들이 와서 그 헌데를 핥더라 22이에 그
거지가 죽어 천사들에게 받들려 아브라함의 품에 들어가고 부자도 죽어 장사되
매 23 저가 음부에서 고통 중에 눈을 들어 멀리 아브라함과 그의 품에 있는 나사
로를 보고 24불러 가로되 아버지 아브라함이여 나를 긍휼히 여기사 나사로를 보
내어 그 손가락 끝에 물을 찍어 내 혀를 서늘하게 하소서 내가 이 불꽃 가운데서
고민하나이다 25아브라함이 가로되 얘 너는 살았을 때에 네 좋은 것을 받았고 나
사로는 고난을 받았으니 이것을 기억하라 이제 저는 여기서 위로를 받고 너는 고
민을 받느니라 26이뿐 아니라 너희와 우리 사이에 큰 구렁이 끼어 있어 여기서
너희에게 건너가고자 하되 할 수 없고 거기서 우리에게 건너 올 수도 없게 하였
느니라 27가로되 그러면 구하노니 아버지여 나사로를 내 아버지의 집에 보내소
서 28내 형제 다섯이 있으니 저희에게 증거하게 하여 저희로 이 고통받는 곳에
오지 않게 하소서 29아브라함이 가로되 저희에게 모세와 선지자들이 있으니 그
들에게 들을지니라 30가로되 그렇지 아니하니이다 아버지 아브라함이여 만일 죽
은 자에게서 저희에게 가는 자가 있으면 회개하리이다 31가로되 모세와 선지자
들에게 듣지 아니하면 비록 죽은 자 가운데서 살아나는 자가 있을지라도 권함을
받지 아니하리라 하였다 하시니라

a. 심판 주로 오시는 예수님의 재림을 묘사하고 있습니다(살후 1:7–8).

b. 부자와 거지 나사로의 비유에서 부자가 죽어 음부에서 받는 고통으로

묘사하고 있습니다(눅 16:23-24).

6. 번제단은 예수님의 인성과 신성을 상징하는 조각목과 놋으로 만들어졌습니다. 번제단에서는 계속 쉬지 아니하고 불길이 타오릅니다. 백성들의 죄는 끊임없이 이 번제단에서 불태워졌고 사유되었습니다.

예수님은 단번에 영원한 사죄의 길을 여셨습니다. 번제단의 완성이시요, 번제단의 총화(總和)이십니다. 예수님 자신이 번제의 제물이 되셔서 온전히 십자가에서 하나님께 드려졌습니다. 당시 이스라엘 백성들은 누구도 번제단을 통하지 아니하고는 사죄의 은총을 덧입을 수 없었습니다. 어떤 대제사장도 번제단을 통하지 아니하고서는 하나님께서 임재하셨던 지성소로 나아갈 수 없었습니다. 이와 같이 우리 중 누구도 예수님의 십자가를 통하지 아니하고는 죄사함을 받을 수 없고 하나님께 나아갈 수 없습니다. 우리의 죄악된 자아는 십자가에서 온전히 불태워짐으로 말미암아 하나님의 의에 대해서 산 자가 되었습니다. 우리는 십자가의 은혜로 구원받은 존재입니다. 그런데 영생을 얻은 우리도 또다시 더렵혀질 수 있고 죄로 오염될 수 있습니다. 근본적으로 구원받았지만 부분적으로 오염될 때 우리는 어떻게 해야 할까요? 우리는 다시 번제단을 지나 물두멍에서 물로 깨끗이 씻음을 받아야 할 것입니다.

4과
물두멍

1-2 일 다음의 대화에 주목하십시오.

> 저녁을 먹고 의자에서 일어나는 딸에게 어머니는, "저녁을 다 먹었으면 손을 닦으렴" 하고 말했습니다. "엄마! 식사 전에 이미 닦았는 걸요." 딸은 더러워진 두 손을 들며 말했습니다. "그래도 다시 닦아야 해. 이번에는 뜨거운 물과 비누로 닦아야 한다."

구약시대에 많은 청결의 율법이 있었습니다. 씻음은, 실생활에서는 식사 전에 필요한 것이었고, 의식에서는 율법의 두드러진 특징 가운데 하나였습니다. 제사장은 성막문에서 물로 씻겼으며(출 29:4), 속죄날에는 그들에게 특별한 씻음의 의식을 하게 했습니다(레 16:4, 24, 26). 모든 제사장들은 의식상의 불결함을 없애기 위하여 청정식에서 물을 사용했습니다(레 11:40; 17:15-16; 22:6).

출애굽기 29:4

4너는 아론과 그 아들들을 회막 문으로 데려다가 물로 씻기고

레위기 16:4, 24, 26

4거룩한 세마포 속옷을 입으며 세마포 고의를 살에 입고 세마포 띠를 띠며 세마포 관을 쓸지니 이것들은 거룩한 옷이라 물로 몸을 씻고 입을 것이며

24거룩한 곳에서 물로 몸을 씻고 자기 옷을 입고 나와서 자기의 번제와 백성의 번제를 드려 자기와 백성을 위하여 속죄하고

26염소를 아사셀에게 보낸 자는 옷을 빨고 물로 몸을 씻은 후에 진에 들어올 것이며

레위기 11:40; 17:15-16; 22:6

11:40그것을 먹는 자는 그 옷을 빨 것이요 저녁까지 부정할 것이며 그 주검을 옮기

는 자도 그 옷을 빨 것이요 저녁까지 부정하리라

17:15무릇 스스로 죽은 것이나 들짐승에게 찢겨 죽은 것을 먹은 자는 본토인이나 타국인이나 물론하고 그 옷을 빨고 물로 몸을 씻을 것이며 저녁까지 부정하고 그 후에 정하려니와 16그가 빨지 아니하거나 몸을 물로 씻지 아니하면 죄를 당하리라

22:6곧 이런 것에 접촉된 자는 저녁까지 부정하니 몸을 물로 씻지 아니하면 성물을 먹지 못할지며

성막의 동쪽 문을 열고 들어가면 맨 처음 접하는 것이 놋제단이라고도 불리우는 번제단입니다. 이 번제단을 통과하면 그 다음에 있는 것이 물두멍입니다. 번제단 다음에 두 번째로 뜰 안에 자리잡고 있는 가장 중요하고 거룩한 기구가 바로 물두멍인 것입니다. 제사장들이 성소에 들어가는 일에 있어서 번제단을 반드시 통과했던 것처럼, 그들은 또한 이 물두멍을 반드시 통과해야 했습니다. 그렇지 않고 하나님 앞에 나아가면 죽는다고 했습니다.
"그들이 회막에 들어갈 때에 물로 씻어 죽기를 면할 것이요." 물두멍을 통해서 하나님께서 우리에게 가르치시려는 가장 중요한 교훈은 '성결' 혹은 '성화'의 교훈입니다. 다시 말하면 하나님의 은혜로 거룩하게 씻음 받지 않고는 아무도 하나님 앞에 설 수 없었던 것처럼, 거룩하게 씻음을 받는 사건이 없이는 아무도 하나님 앞에 나아갈 수 없습니다. 만약 이 거룩한 씻음이 없이, 성결이 없이 하나님 앞에 나아가기를 시도하는 사람이 있다면 그는 스스로 죽음을 자초하는 셈이 됩니다. 거룩하신 하나님과의 교제는 성도들의 거룩함 없이는 결코 이루어질 수 없습니다.

하나님께서는 모세에게 물두멍의 치수와 모양을 알려주시지 않았습니다. 성경에서도 그것의 크기나 모양, 장식품이 언급되어 있지 않습니다. 대신 강조되어야 할 것은 '물두멍 안에 무엇이 들어 있었고, 거기서 무엇을 행했는가'

하는 점입니다. 히브리어로 물두멍은 대야처럼 약간 둥근 것을 의미합니다. 왕상 7:38-40에 성막의 물두멍을 본떠 만든 것이 솔로몬의 신전에 사용되었다는 구절에서 우리는 물두멍이 대야처럼 둥글었을 것이라고 추측할 수 있습니다. 그것은 두 부분으로 이루어져 있었는데, 위쪽에는 물두멍 본체와 아래에는 받침대가 있는 씻는 그릇으로 되어 있었습니다. 동방 사람들은 항상 흐르는 물에 씻었기 때문에 많은 학자들이 위쪽 용기는 물 꼭지가 있어 물이 받침대 아래로 흘러갈 수 있도록 하였을 것이라고 추측하고 있습니다. 물두멍은 상당히 커서 그것을 관리하는 제사장이나 레위족들이 여러 용도로 쓸 수 있을 정도로 많은 물을 담을 수가 있었습니다.

출애굽기 30:17-21

17여호와께서 모세에게 일러 가라사대 18너는 물두멍을 놋으로 만들고 그 받침도
놋으로 만들어 씻게 하되 그것을 회막과 단 사이에 두고 그 속에 물을 담으라 19
아론과 그 아들들이 그 두멍에서 수족을 씻되 20그들이 회막에 들어갈 때에 물로
씻어 죽기를 면할 것이요 단에 가까이 가서 그 직분을 행하여 화제를 여호와 앞
에 사를 때에도 그리 할지니라 21이와 같이 그들이 그 수족을 씻어 죽기를 면할
지니 이는 그와 그 자손이 대대로 영원히 지킬 규례니라

출애굽기 38:8

8그가 놋으로 물두멍을 만들고 그 받침도 놋으로 하였으니 곧 회막문에서 수종
드는 여인들의 거울로 만들었더라

출애굽기 40:7

7또 물두멍을 회막과 단 사이에 놓고 그 속에 물을 담고

위의 본문을 읽고 다음 질문에 답하십시오.

1. 물두멍은 어디에 위치하였습니까?

   번제단(놋제단)과 성소 사이(출 30:18)

2. 물두멍의 위치가 우리와 하나님과의 관계에 대한 하나의 진리를 상징한다는 점에서 어떠한 의미를 갖고 있습니까?

   하나님께 나아가는 자는 거룩하게 씻음을 받지 않고는 나갈 수 없습니다. 이것은 성도의 성결, 또는 성화의 거룩한 삶을 말합니다.

3. 물두멍의 부속품을 열거하십시오(출 30:18).

   물두멍과 받침

4. 물두멍은 무엇으로 만들어졌습니까?(출 30:18; 38:8)

   놋

King James Version에 나오는 거울(Looking glasses)이라는 말은 Mirrors로 잘 번역되었습니다. 왜냐하면, 고대의 거울은 유리보다 더 반짝이는 금속으로 만들어졌기 때문입니다.

5. 하나님께서 물두멍에 무엇을 담으라고 하셨습니까?(출 30:18)

물

6. 물두멍에서 무엇을 행하였습니까?

수족(손과 발)을 씻었습니다(출 30:19).

7. 어떤 사람이 수족을 씻어야 합니까?

아론과 그 아들들(제사장들)(출 30:19)

8. 언제 씻어야 합니까?

회막(성소)에 들어가기 전에 항상 씻었습니다(출 30:20).

9. 수족을 씻지 않을 때의 결과는 무엇입니까?

하나님으로부터 죽임을 당하게 됩니다(출30:20-21).

10. 출애굽기 29:1-4에 의하면 처음으로 제사장들의 수족이 씻기었을 때는 언제였습니까? 그 당시 누구를 씻겼습니까?

출애굽기 29:1-4

1너는 그들에게 나를 섬길 제사장 직분을 위임하여 그들로 거룩하게 할 일이 이
러하니 곧 젊은 수소 하나와 흠 없는 숫양 둘을 취하고 2무교병과 기름 섞인 무교

과자와 기름 바른 무교 전병을 모두 고운 밀가루로 만들고 [3]그것들을 한 광주리
에 담고 그것을 광주리에 담은 채 그 송아지와 두 양과 함께 가져오고 [4]너는 아론
과 그 아들들을 회막문으로 데려다가 물로 씻기고

제사장 취임식 때였으며, 아론과 그 아들들이 씻었습니다(출29:1, 4).

물두멍의 재료

3 일

물두멍은 두멍과 받침 두 부분으로 구성되어 있었으며, 그 기초 재료는 회막문에서 수종드는 여인들이 사용하는 거울이었습니다. 당시 거울은 놋을 아주 번들번들하게 닦아 만들었습니다. 이스라엘 백성들이 애굽에서 나올 때 가장 소중히 여겼던 것 중의 하나가 거울이었습니다. 팔레스틴에는 거울이 많이 없었습니다. 애굽 땅에서 애굽의 문명과 접하면서 그들은 비로소 이 거울을 사용하게 되었습니다. 거울을 만드는 데는 대단히 많은 시간과 노력이 필요했습니다. 그러므로 이스라엘 여인들에게 있어서 거울은 참으로 소중한 것입니다. 그런데 물두멍을 만들기 위해 거울을 드린 것입니다. 우리는 물두멍이 만들어지기까지의 과정에서 먼저 소중한 것을 하나님께 바치는 헌신이 있었다는 사실을 깨달아야 합니다. 참으로 소중히 여기는 것을 하나님 앞에 드렸을 때, 그것은 하나님의 장막 사역의 중요한 한 부분으로 쓰여질 수 있었습니다. 여기서 우리는 우리가 가장 아끼는 소중한 것을 주님 앞에 드렸을 때, 그것이 주님의 사역의 소중한 한 부분으로 쓰임 받을 수 있다는 귀한 교훈을 얻을 수 있습니다.

거울은 당시에 어떤 역할을 했습니까?

야고보서 1:22-24

[22]너희는 도를 행하는 자가 되고 듣기만 하여 자신을 속이는 자가 되지 말라 [23]누
구든지 도를 듣고 행하지 아니하면 그는 거울로 자기의 생긴 얼굴을 보는 사람과
같으니 [24]제 자신을 보고 가서 그 모양이 어떠한 것을 곧 잊어버리거니와

자신의 모습을 살펴보게 합니다(약 1:23).

어떤 사람이 거울을 통해 자신의 더럽혀짐을 보고 조금 있다가 그 사실을 잊어버렸습니다. 어처구니없는 이 사건을 통해 야고보가 말하고자 하는 것은 무엇일까요? 그것은 말씀을 들은 다음에 행하지 않는 사람을 비유한 것입니다. 하나님의 말씀을 통해서 우리는 자신의 모습을 발견하게 됩니다.

'나는 어떤 사람인가?'

'내 생활은 어떠한가?'

각자가 발견한 모습 속에서 잘못되었거나 더러운 부분이 있으면 그냥 넘어가서는 안 됩니다. 그것을 고치지 않는 자들은 거울을 보고도 그 모습을 잊어버린 사람과 같다고 성경은 표현합니다. 여기에서 흥미로운 사실은 거울을 말씀에 비교하고 있다는 것입니다.

이스라엘 백성들에게 있어서 물두멍은 언제나 그들의 헌신의 자리였습니다. 이스라엘의 여인들이 가장 소중히 여기던 거울을 하나님께 바쳤기 때문입니다. 동시에 이 물두멍은 자기 발견의 자리였습니다. 그 헌신된 자리에서 그들은 스스로를 볼 수 있었기 때문입니다.

물두멍의 기능

4-5 일

1. 단회적 씻음

1) "거룩한 세마포 속옷을 입으며 세마포 고의를 살에 입고 세마포 띠를 띠며 세마포 관을 쓸지니 이것들은 거룩한 옷이라 물로 몸을 씻고 입을 것이며" (레 16:4).

위 본문에서 씻음의 목적어는 무엇입니까?
이는 일 년에 한 번 있는 속죄의 날에 전신을 씻는 씻음의 의식을 의미합니다.

2) 출애굽기 29:1-7에 아론과 그 아들들이 제사장직에 취임하는 의식이 기록되어 있습니다. 그들이 제사장 취임에 즈음하여 신체적으로 준비해야 할 사항은 무엇이었습니까?

출애굽기 29:1-7

1너는 그들에게 나를 섬길 제사장 직분을 위임하여 그들로 거룩하게 할 일이
이러하니 곧 젊은 수소 하나와 흠 없는 숫양 둘을 취하고 2무교병과 기름 섞인
무교 과자와 기름 바른 무교 전병을 모두 고운 밀가루로 만들고 3그것들을 한
광주리에 담고 그것을 광주리에 담은 채 그 송아지와 두 양과 함께 가져오고 4
너는 아론과 그 아들들을 회막문으로 데려다가 물로 씻기고 5의복을 가져다
가 아론에게 속옷과 에봇 받침 겉옷과 에봇을 입히고 흉패를 달고 에봇에 공
교히 짠 띠를 띠우고 6그 머리에 관을 씌우고 그 위에 성패를 더하고 7관유를
가져다가 그 머리에 부어 바르고

거룩하게 해야 합니다(출 29:1). 회막문으로 데려다가 물로 씻겨야 합니다(출 29:4).

이는 제사장 취임 때 한 번만 하는 전신을 씻는 씻음입니다.

3) 요 1:12; 6:47; 엡 1:7을 암송하십시오.

요한복음 1:12; 6:47

1:12영접하는 자 곧 그 이름을 믿는 자들에게는 하나님의 자녀가 되는 권세를 주셨으니

6:47진실로 진실로 너희에게 이르노니 믿는 자는 영생을 가졌나니

에베소서 1:7

7우리가 그리스도 안에서 그의 은혜의 풍성함을 따라 그의 피로 말미암아 구속 곧 죄 사함을 받았으니

예수를 처음 믿었을 때 죄 사함의 은총을 덧입고 구원을 받아 영생을 소유했습니다. 이것은 감격이요, 은혜였습니다. 이것은 단회적인 유일한 체험입니다. 그리고 그 순간부터 우리는 제사장이 되었습니다. 신약시대의 제사장은 모든 성도입니다. 베드로전서 2:9에서 성도는 어떻게 칭함을 받고 있습니까?

베드로전서 2:9

9오직 너희는 택하신 족속이요 왕 같은 제사장들이요 거룩한 나라요 그의 소유된 백성이니 이는 너희를 어두운 데서 불러내어 그의 기이한 빛에 들어가게 하신 자의 아름다운 덕을 선전하게 하려 하심이라

택하신 족속이요, 왕 같은 제사장들이요, 거룩한 나라요, 하나님의 소유된 백성이라 칭함을 받고 있습니다.

2. 계속적 성화

1) 출애굽기 30:19에서 아론과 그 아들들이 물두멍에서 씻었을 때 이 씻음은 어떤 특징을 가졌습니까?

① ☐ 전신의 씻음 ☑ 부분적인 씻음

② ☐ 단회적 씻음 ☑ 계속적 씻음

출애굽기 30:19-21

19아론과 그 아들들이 그 두멍에서 수족을 씻되 20그들이 회막에 들어갈 때에
물로 씻어 죽기를 면할 것이요 단에 가까이 가서 그 직분을 행하여 화제를 여
호와 앞에 사를 때에도 그리할지니라 21이와 같이 그들이 그 수족을 씻어 죽
기를 면할지니 이는 그와 그 자손이 대대로 영원히 지킬 규례니라

2) 단회적 씻음과 계속적 씻음에 관하여 예수님께서는 어떤 방법으로 설명해 주셨습니까?

요한복음 13:6-10

6시몬 베드로에게 이르시니 가로되 주여 주께서 내 발을 씻기시나이까 7예수
께서 대답하여 가라사대 나의 하는 것을 네가 이제는 알지 못하나 이 후에는
알리라 8베드로가 가로되 내 발을 절대로 씻기지 못하시리이다 예수께서 대
답하시되 내가 너를 씻기지 아니하면 네가 나와 상관이 없느니라 9시몬 베드
로가 가로되 주여 내 발 뿐아니라 손과 머리도 씻겨 주옵소서 10예수께서 가
라사대 이미 목욕한 자는 발 밖에 씻을 필요가 없느니라 온몸이 깨끗하니라
너희가 깨끗하나 다는 아니니라 하시니

발 씻음의 비유를 통해 말씀해 주셨습니다. 하나님을 등지고 있다가 예수 그리스도를 믿음으로 하나님을 향해 돌아서는 것은 단회적 씻음입니다. 하지만 제사장의 장막 뜰을 밟아 성소로 들어갈 때는 매번 발을 씻어야 하는 것처럼 이 세상에 발을 딛고 사는 우리는 계속해서 더러워진 부분을 씻어내야 하는데 이것은 계속적 씻음입니다.

제자들의 발을 씻기시면서 예수님께서는 두 가지로 씻음을 구별하셨습니다. 전신 씻음과 발 씻음, 즉 부분적 씻음을 구별하셨습니다. 그리고 목욕을 이미 한 사람은 발밖에 씻을 필요가 없다고 말씀하셨습니다. 여기서의 목욕이라는 것은 구원받은 것을 뜻합니다. 그러나 예수 그리스도를 믿고 거듭나 구원받은 사람도 흙을 딛고 살다 보면 발이 더럽혀지게 마련입니다. 그럴 때는 발만 씻으면 됩니다. 우리는 예수 그리스도를 믿음으로 모든 죄 사함을 받았습니다. 하지만 우리는 계속 죄를 자백합니다. 회개에는 단 한번 회개할 근본적이고도 본질적인 회개가 있습니다. 이것은 하나님과 관계없이 하나님을 등지고 있다가 그 자리를 벗어나서, 하나님을 향해 돌아서는 회개입니다. 이러한 회개는 단 한 번만 합니다.

하나님 앞에 나아올 때마다 우리는 부분적으로 씻어야 합니다. 장막의 뜰을 보면 흙으로 되어 있습니다. 이스라엘 백성들은 샌달 같은 신을 신고 다녔기 때문에, 제사장이 이 거룩한 곳을 향해서 나아갈 때 더러운 것이 그 밑에 묻게 됩니다. 이와 마찬가지로 우리도 새 사람이 되었지만 이 세상에 발을 딛고 살다 보면 더럽혀집니다. 그래서 그 더럽혀진 부분들을 씻어낼 필요가 있습니다. 이것이 바로 자백입니다. 부분적인 씻음입니다.

3. 물두멍의 단회적, 계속적 씻음과 번제단의 태움(燔)은 교리적으로 어떻게 차이가 있으며, 그 핵심적 교훈의 교리적 용어는 무엇입니까?

	번제단의 태움	물두멍의 단회적 씻음	물두멍의 계속적 씻음
교리적 진술	화목제물과 예수님의 십자가의 죽으심	원죄의 사함과 회개함	자범죄의 사함과 성결의 삶
교리적 용어	대 속	중 생	성 화

5과 떡상, 등대

1-2 일 떡상

"너는 조각목으로 상을 만들되 장이 이 규빗, 광이 일 규빗, 고가 일 규빗 반이 되게 하고 정금으로 싸고 주위에 금테를 두르고 그 사면에 손바닥 넓이만 한 턱을 만들고 그 턱 주위에 금으로 테를 만들고 그것을 위하여 금고리 넷을 만들어 그 네 발 위 네 모퉁이에 달되 턱 곁에 달라 이는 상 멜 채를 꿸 곳이며 또 조각목으로 그 채를 만들고 금으로 싸라 상을 이것으로 멜 것이니라 너는 대접과 숟가락과 병과 붓는 잔을 만들되 정금으로 만들지며 상 위에 진설병을 두어 항상 내 앞에 있게 할지니라" (출 25:23-30).

"너는 고운 가루를 취하여 떡 열둘을 굽되 매 덩이를 에바 십분 이로 하여 여호와 앞 순결한 상 위에 두 줄로 한 줄에 여섯씩 진설하고 너는 또 정결한 유향을 그 매 줄 위에 두어 기념물로 여호와께 화제를 삼을 것이며 항상 매 안식일에 이 떡을 여호와 앞에 진설할지니 이는 이스라엘 자손을 위한 것이요 영원한 언약이니라 이 떡은 아론과 그 자손에게 돌리고 그들은 그것을 거룩한 곳에서 먹을지니 이는 여호와의 화제 중 그에게 돌리는 것으로서 지극히 거룩함이니라 이는 영원한 규례니라" (레 24:5-9).

1. 위의 말씀을 참고하여 아래의 괄호를 채우십시오.

우리는 지금까지 장막 동편의 문으로 들어가 뜰에 있는 두 개의 거룩한 기구인 (번제단)과 (물두멍)을 통과했습니다. 이제부터는 거룩한 성소 안으로 들어가 보겠습니다. 성소 안에 들어가면 그 우측에(떡상)이 있고, 좌측에는 (등대)가 있습니다. 그리고 한 가운데는 (분향단)이 있습니다. 처음에 들어가는 방 이름은 성소로서, 뒤에 있는 지성소와 휘장으로 구분되어 있습니다. (휘장)을 열고 지성소에 들어가면 그 안에 (법궤)가 있습니다. 그 언약궤 앞에는 제사장 모두가 갈 수 있는 것이 아니라 (대제사장)만 들어갈 수 있습니다. 제사장들이 성소 안에 들어가면 맨 처음 눈에 띄는 것이 바로 (떡상)입니다. 떡상에는 (열두 개)의 떡이 언제나 놓여져 있습니다. 그리고 주변에는 여러 가지 보조 기구들이 있습니다. 이 열두 개의 떡을 우리는 (무교병) 혹은 (진설병)이라고 부릅니다.
(누룩)을 넣지 않고 구운 떡이기 때문에 그렇게 부르는 것입니다. 장막 안에 있는 모든 기구들은 (이동, 분해)가 가능하다고 이미 앞에서 언급한 바 있습니다. 이 떡상도 가마에 메고 다니듯 들고 다닐 수 있는 구조로 만들어져 있습니다. 떡상은 현대의 커피 상(coffee table) 크기로 길이가 (2)규빗(약 90cm), 너비가 (1)규빗(약 45cm), 높이가 (1.5)규빗(약 68cm)의 크기로 되어 있고, 법궤와 같이 견고한 싯딤나무로 만들어졌으며, 나무 위에는 (정금)으로 입혔으며, 윗 부분은 (금)으로 테를 둘러 장식을 꾸몄습니다. 또한 각 사면에는 (금고리)를 달아 운반할 수 있도록 되어 있었습니다.

Holdcroft는 말하기를, "진설상은 영적 비유로 친교(Fellowship)와 기르심(Feeding) 그리고 영적 교류(Communion)를 나타냅니다. 즉 영광의 주님께서는 그로 말미암아 구속받은 그의 자녀들과 함께 (친교)를 가지시기 원하시는 것을 말하는 것" 이라고 하였고, "떡은 '그리스도의 현존의 떡' 과 같은 것으로, 진설상의 떡은 하나님과 인간들이 서로 얼굴을 대하는 하나님과 인간 사이의 화해와 친교의 기쁨을 나타낸다" 고 하였습니다.

12개의 떡은 이스라엘의 12지파를 말합니다. Holdcroft에 따르면, 떡 위에 뿌려진 향은 의(義)의 생명 되신 그리스도의 향기로운 구속에 대하여 말하는 것입니다. 또한 진설상과 함께 첨가된 기물은 (대접: dishes)-떡을 담는 그릇-, (숟가락: spoons)-향을 뿌리기 위하여-, (병: jars) 그리고

(붓는 잔: bowls)이 있었습니다.

간추려 말하면 다음과 같습니다.

첫째, 진설병은 제사장을 위한 음식으로 예수 그리스도는 신령한 생명의 떡이심을 묘사합니다.

요한복음 6:48-51

48내가 곧 생명의 떡이로라 49너희 조상들은 광야에서 만나를 먹었어도 죽었거
니와 50이는 하늘로서 내려오는 떡이니 사람으로 하여금 먹고 죽지 아니하게 하
는 것이니라 51나는 하늘로서 내려온 산 떡이니 사람이 이 떡을 먹으면 영생하
리라 나의 줄 떡은 곧 세상의 생명을 위한 내 살이로라 하시니라

둘째, 떡상 위에 놓여진 떡은 하나님께서 모든 인간을 돌보고 계시는 증거입니다. 우리는 하나님께서 친히 준비해 놓으신 신령한 양식으로 살아가고 있는 것입니다.
셋째, 떡상은 하나님과 인간 상호간의 화해이며 친교입니다. De Haan은 우리는 떡상에서 하나님의 말씀으로 인하여 교제를 갖게 된다고 하였습니다.
넷째, 떡은 신령하신 하나님의 말씀입니다.
다섯째, 떡상 위의 열두 개의 떡은 이스라엘의 열두 지파를 의미하며 유형적으로는 모든 하나님의 백성을 의미합니다.

2. 레위기 24:5-9을 읽으십시오.

5너는 고운 가루를 취하여 떡 열 둘을 굽되 매 덩이를 에바 십분 이로 하여 6여

호와 앞 순결한 상 위에 두 줄로 한 줄에 여섯씩 진설하고 7너는 또 정결한 유향
을 그 매 줄 위에 두어 기념물로 여호와께 화제를 삼을 것이며 8항상 매 안식일
에 이 떡을 여호와 앞에 진설할지니 이는 이스라엘 자손을 위한 것이요 영원한
언약이니라 9이 떡은 아론과 그 자손에게 돌리고 그들은 그것을 거룩한 곳에서
먹을지니 이는 여호와의 화제 중 그에게 돌리는 것으로서 지극히 거룩함이니라
이는 영원한 규례니라

1) 떡상에 떡을 배열한 후 떡의 매 줄 위에 무엇을 두도록 했습니까?

유향을 두도록 했습니다.

2) 이 유향은 무엇을 상징합니까?

예수 그리스도의 향기로운 구속함을 상징합니다.

성경은 유향이 어떻게 떡 위에 놓여졌는가를 자세히 언급하지 않고 있습니다. 몇몇 학자들은 유향이 떡 위에 뿌려졌을 것이라고 생각하고, 또 다른 학자들은 유향을 떡 옆에 있는 금잔에 놓았고 나중에 분향단에서 태웠을 것이라고 추정합니다.

3) 유향이 떡 위에 있었다는 사실에서 당신은 어떤 영적인 적용을 할 수 있습니까?

모든 사람의 구속은 오직 예수 그리스도로 말미암아 주어집니다(요 14:6; 행 4:12).

3. 누가복음 24:30-35을 읽으십시오.

[30]저희와 함께 음식 잡수실 때에 떡을 가지사 축사하시고 떼어 저희에게 주시매
[31]저희 눈이 밝아져 그인 줄 알아보더니 예수는 저희에게 보이지 아니하시는지
라 [32]저희가 서로 말하되 길에서 우리에게 말씀하시고 우리에게 성경을 풀어 주
실 때에 우리 속에서 마음이 뜨겁지 아니하더냐 하고 [33]곧 그 시로 일어나 예루
살렘에 돌아가 보니 열 한 사도와 및 그와 함께한 자들이 모여 있어 [34]말하기를
주께서 과연 살아나시고 시몬에게 나타나셨다 하는지라 [35]두 사람도 길에서 된
일과 예수께서 떡을 떼심으로 자기들에게 알려지신 것을 말하더라

엠마오로 가는 두 제자가 예수께로부터 떡을 받았을 때, 무슨 일이 일어났습니까?

"그들의 (눈)이 밝아져 (그인 줄 알아)보더니… (저희가 서로 말하되) 우리에게 말씀하시고 우리에게 성경을 (풀어 주실) 때에 우리 속에서 (마음)이 뜨겁지 아니하더냐 하고 곧 그 시로 일어나 (예루살렘)에 들어가보니…."

4. 특별히 떡(진설병)의 본질적 의미는 예수 그리스도가 생명의 떡이라는 점을 상징하는 데 있습니다.

"예수께서 가라사대 내가 곧 생명의 떡이니 내게 오는 자는 결코 주리지 아니할 터이요 나를 믿는 자는 영원히 목마르지 아니하리라" (요 6:35).

"나는 하늘로서 내려온 산 떡이니 사람이 이 떡을 먹으면 영생하리라 나의 줄 떡은 곧 세상의 생명을 위한 내 살이로라 하시니라" (요 6:51).

예수님이 태어나신 동네는 베들레헴입니다. 베들레헴의 뜻은 '떡집' 입니다. 예수 그리스도는 산 떡으로써 생명의 양식이십니다. 예수 그리스도는 살아있는 말씀이십니다.

"태초에 말씀이 계시니라 이 말씀이 하나님과 함께 계셨으니 이 말씀은 곧 하나님이시니라"(요 1:1).

성경을 바르게 읽은 사람은 성경을 통해서 예수 그리스도를 만나고 경험합니다. 성경이 그리스도인들에게 있어서 가장 영광스러운 유일한 양식이라는 사실을 성경은 누누이 우리에게 가르칩니다.

"갓난 아이들같이 순전하고 신령한 젖을 사모하라 이는 이로 말미암아 너희로 구원에 이르도록 자라게 하려 함이라"(벧전 2:2).

그리스도 안에서 새로운 생명을 소유하고 하나님의 자녀가 된 사람들은 모름지기 순전하고 신령한 젖, 바로 말씀을 사모하라고 교훈하는 것입니다. 그리고 히브리서 기자는 아이가 부드러운 음식물에서 시작하여 나중에는 단단한 고기를 먹을 수 있는 것처럼, 우리에게 말씀을 섭취하는 영적인 성장이 이루어져야 할 것을 권면하고 있습니다.
구약시대부터 하나님의 말씀은 하나님의 백성들에게 있어서 가장 영광스러운 영적인 양식이었습니다.

"만군의 하나님 여호와시여 나는 주의 이름으로 일컬음을 받는 자라 내가 주의 말씀을 얻어 먹었사오니 주의 말씀은 내게 기쁨과 내 마음의 즐거움이오나"(렘 15:16).

욥의 고백을 들어보십시오.

> "내가 그의 입술의 명령을 어기지 아니하고 일정한 음식보다 그 입의 말씀을 귀히 여겼구나"(욥 23:12).

이 부분을 읽고 D.L. 무디는 '그렇다. 이제부터 말씀을 대하기 전에는 결코 식사를 하지 않겠다'는 결심을 세우고, 늘 식사 전에 말씀을 묵상하는 생활을 일생 동안 지켜나갔다고 합니다. 정상적인 신앙생활의 모습은 날마다 스스로 말씀을 묵상하는 것입니다. 주일과 수요일의 설교만으로 신앙의 성장을 기대하는 것은 문자 그대로 불가능합니다. 아침만, 혹은 하루 중 시간이 있을 때마다 종종 성경을 가까이 하며 읽고 취하는 것이 바로 하나님께서 원하시는 모습입니다. 1세기 그리스도인들의 생동적인 삶의 비밀은 그들이 날마다 말씀을 상고하고 나누었던 데에 있습니다. 거기에서 얻은 힘으로 그들은 그 당시 전 세계를 복음으로 정복하고 세상을 벌벌 떨게 만들었던 것입니다.

3일 등대

"너는 정금으로 등대를 쳐서 만들되 그 밑판과 줄기와 잔과 꽃받침과 꽃을 한 덩이로 연하게 하고 가지 여섯을 등대 곁에서 나오게 하되 그 세 가지는 이편으로 나오고 그 세 가지는 저편으로 나오게 하며 이편 가지에 살구꽃 형상의 잔 셋과 꽃받침과 꽃이 있게 하고 저편 가지에도 살구꽃 형상의 잔 셋과 꽃받침과 꽃이 있게 하여 등대에서 나온 여섯 가지를 같게 할지며 등대 줄기에는 살구꽃 형상의 잔 넷과 꽃받침과 꽃이 있게 하고 등대에서 나온 여섯 가지를 위하여 꽃받침이 있게 하되 두 가지 아래 한 꽃받침이 있어 줄기와 연하게 하며 또 두 가지 아래 한 꽃받침이 있어 줄기와 연하게 하며 또 두 가지 아래 한 꽃받침이 있어 줄기와 연하게 하며 또 두 가지 아래 한 꽃받침이 있어 줄기와 연하게 하고 그 꽃받침과 가지를 줄기와 연하게 하여 전부를 정금으로 쳐 만들고 등잔 일곱을 만들어 그 위에 두어 앞을 비추게 하며 그 불집게와 불똥 그릇도 정금으로 만들지니 등대와 이 모든 기구를 정금 한 달란트로 만들되 너는 삼가 이 산에서 네게 보인 식양대로 할지니라"(출 25:31-40).

"그가 또 정금으로 등대를 만들되 그것을 쳐서 만들었으니 그 밑판과 줄기와 잔과 꽃받침과 꽃이 그것과 한 덩이로 되었고 여섯 가지가 그 곁에서 나왔으니 곧 등대의 세 가지는 저편으로 나왔고 등대의 세 가지는 이편으로 나왔으며 이편 가지에 살구꽃 형상의 잔 셋과 꽃받침과 꽃이 있고 저편 가지에 살구꽃 형상의 잔 셋과 꽃받침과 꽃이 있어 등대에서 나온 여섯 가지가 그러하며 등대 줄기에는 살구꽃 형상의 잔 넷과 꽃받침과 꽃이 있고 등대에서 나온 여섯 가지를 위하여는 꽃받침이 있게 하였으되 두 가지 아래 한 꽃받침이 있어 줄기와 연하였고 또 두 가지 아래 한 꽃받침이 있어 줄기와 연하였고 또 두 가지 아래 한 꽃받침이 있어 줄기와 연하게 하였으니 이 꽃받침과 가지들을 줄기와 연하여 전부를 정금으로 쳐서 만들었으며 등잔 일곱과 그 불집게와 불똥 그릇을 정금으로 만들었으니 등대와 그 모든 기구는 정금 한 달란트로 만들었더라"(출 37:17-24).

1. 위의 말씀을 근거로 다음 질문에 답하십시오.

   1) 등대는 무엇으로 만들어졌습니까?

      정금으로 만들었습니다.

등대는 우리가 생각하는 촛대가 아니라 등유 같은 것을 담는 그릇이 있는 것을 말하며 이는 정금 한 달란트로 만들어졌습니다.

2) 밑받침의 양쪽으로 각각 (세) 가지가 있어 모두 (여섯) 가지가 있었습니다.

3) 정금을 어떻게 하여 등대로 만들었습니까?
줄기와 꽃받침 모두를 한 덩이로 연결시켜서 쳐서 만들었습니다.

이 금촛대는 무게만도 45kg이 넘고 시가로는 거의 2000만원에 이르는 가치를 지닌, 대단히 아름답고 정교한 성물이었습니다.

2. 벧전 1:6-7을 읽고 아래 괄호를 채우십시오.

6그러므로 너희가 이제 여러가지 시험을 인하여 잠간 근심하게 되지 않을 수 없었으나 오히려 크게 기뻐하도다 7너희 믿음의 시련이 불로 연단하여도 없어질 금보다 더 귀하여 예수 그리스도의 나타나실 때에 칭찬과 영광과 존귀를 얻게 하려 함이라

그리스도의 죽으심을 본받고 칭찬과 영광을 얻게 되는 과정은 (연단)입니다.

아름다운 등대를 만들기 위해서는 망치로 여러 번 쳐서 알맞은 상태가 되도록 단련해야 합니다. 예수님도 고난의 훈련을 통하여 온전함을 이루

셨습니다. 당신이 더욱더 그리스도와 같이 되기 위해서는 고난을 겪어야만 합니다. 담대하십시오! 그리스도께서 여러분에게 아름다운 것을 이루게 하실 것입니다. 당신이 흔들림 없이 기쁨으로 인내할 때 다른 사람들이 당신 안에서 그리스도의 빛이 발하는 것을 볼 수 있을 것입니다.

3. 장식

1) 등대 위에 어떤 장식이 있었습니까?

살구꽃 모양으로 장식하였습니다.

2) 이것들은 무엇을 상징합니까?

고린도전서 15:20-23

20그러나 이제 그리스도께서 죽은 자 가운데서 다시 살아 잠자는 자들의 첫
열매가 되셨도다 21사망이 사람으로 말미암았으니 죽은 자의 부활도 사람으
로 말미암는도다 22아담 안에서 모든 사람이 죽은 것같이 그리스도 안에서
모든 사람이 삶을 얻으리라 23그러나 각각 자기 차례대로 되리니 먼저는 첫
열매인 그리스도요 다음에는 그리스도 강림하실 때에 그에게 붙은 자요

예수 그리스도의 부활을 상징합니다(고전 15:20-23).

빛 4일

장막 안에서는 이 등대의 불빛 외에 다른 불빛은 전혀 찾아볼 수 없습니다. 장막에는 창문이 없습니다. 그러므로 그 안에서 하나님을 만나며 섬기는 모든 활동이 가능하기 위해서 제사장이 의지해야 할 유일한 빛의 근원이 바로

기름으로 충만합니까? 심지어 당신의 자녀들이 말을 안 듣거나 배우자가 화가 났거나 혹은 옆 책상에 있는 동료 직원이 귀찮게 굴 때도 그리스도의 빛을 발하고 있습니까? 빛은 선과 악 모두를 밝게 비춰줍니다.

5 일

"너는 또 이스라엘 자손에게 명하여 감람으로 찧어낸 순결한 기름을 등불을 위하여 네게로 가져오게 하고 끊이지 말고 등불을 켜되 아론과 그 아들들로 회막 안 증거궤 앞 휘장 밖에서 저녁부터 아침까지 항상 여호와 앞에 그 등불을 간검(看儉)하게 하라 이는 이스라엘 자손의 대대로 영원한 규례니라" (출 27:20-21).

1. 등대의 불빛을 위하여 이 등대 안에 무엇을 넣었습니까?

   기름을 넣었습니다(출 27:20).

2. 기름은 일반적으로 1) 음식을 위하여 2) 불을 밝히기 위하여 3) 기름부음을 위하여 사용되었습니다. '기름부음' 이 이루어졌던 경우를 살펴보십시오.

   1) 출애굽기 29:29

   29아론의 성의는 아론의 후에 그 아들들에게 돌릴지니 그들이 그것을 입고 기름부음으로 위임을 받을 것이며

   제사장으로 세울 때 기름을 부었습니다.

   2) 출애굽기 40:9

   9또 관유를 취하여 성막과 그 안에 있는 모든 것에 발라 그것과 그 모든 기구를 거룩하게 하라 그것이 거룩하리라

   성막의 기구를 거룩하게 할 때 기름을 부었습니다.

3) 사무엘하 2:7

7이제 너희는 손을 강하게 하고 담대히 할지어다 너희 주 사울이 죽었고 또 유다 족속이 내게 기름을 부어 저희의 왕을 삼았음이니라

왕을 세울 때 기름을 부었습니다.

4) 열왕기상 19:16

16너는 또 님시의 아들 예후에게 기름을 부어 이스라엘 왕이 되게 하고 또 아벨므홀라 사밧의 아들 엘리사에게 기름을 부어 너를 대신하여 선지자가 되게 하라

왕과 선지자를 세울 때 기름을 부었습니다.

5) 창세기 28:18

18야곱이 아침에 일찍이 일어나 베개하였던 돌을 가져 기둥으로 세우고 그 위에 기름을 붓고

거룩한 곳- 하나님의 임재하신 곳-을 구별할 때에 기름을 부었습니다.

6) 창세기 31:13

13나는 벧엘 하나님이라 네가 거기서 기둥에 기름을 붓고 거기서 내게 서원하였으니 지금 일어나 이곳을 떠나서 네 출생지로 돌아가라 하셨느니라

서원할 때 기름을 부었습니다.

하나님께서 성령과 능력으로 나사렛 예수에게 기름부으심으로 말미암아 예수님은 선한 일을 하셨고 모든 악마의 압박에서 신음하는 병자들을 고치셨습니다(행 10:38). 그러므로 주 예수 그리스도는 세상의 빛이시고 기름부음을 받은 자이십니다. "기름부음을 받은 자"(The Anointed One)란 히브리어로 "Messiah"(메시아)이며, 헬라어로는 "Christos"(그리스도)입니다. 메시

아라는 말은 그리스도로 번역된 말입니다.
구약시대에는 왕과 제사장이 기름부음을 받았고(출 29:7, 레 4장 , 사 9:8, 삼상 9:16; 10:1, 삼하 19:10), 선지자의 수유(受油)도 기록되어 있습니다 (왕상 19:16). 그리스도는 영원 전부터 그의 직위에 임명되었으나, 역사적으로 그의 수유(受油)는 그가 성령(Holy Spirit)으로 말미암아 잉태되었을 때와(눅 1:35) 세례요한으로부터 요단강에서 세례 받을 때에 성령이 임하심으로 되어진 것입니다(마 3:16, 막 1:10, 눅 3:22, 요 1:32). 그것은 그리스도로 하여금 대과업을 수행할 수 있게 하였습니다.

3. 예수님의 사역의 원천은 무엇입니까?

성령이었습니다(행 10:38).

4. 여러분은 성령의 기름부음을 열망합니까?

데살로니가전서 5:19

19성령을 소멸치 말며

사도행전 13:52

52제자들은 기쁨과 성령이 충만하니라

예수님을 주인으로 섬기는 우리는 성령을 소멸치 말고 성령의 충만함을 받아야 합니다. 성령의 기름부음을 간절히 사모하며 살아야 합니다(살전 5:19, 행 13:52).

5. 요한 사도는 교회의 영광스러운 모습을 무엇으로 표현합니까?

요한계시록 1:20; 1:12-14

[20]네 본 것은 내 오른손에 일곱 별의 비밀과 일곱 금 촛대라 일곱 별은 일곱 교회의 사자요 일곱 촛대는 일곱 교회니라

[12]몸을 돌이켜 나더러 말한 음성을 알아 보려고 하여 돌이킬 때에 일곱 금 촛대
를 보았는데 [13]촛대 사이에 인자 같은 이가 발에 끌리는 옷을 입고 가슴에 금띠
를 띠고 [14]그 머리와 털의 희기가 흰 양털 같고 눈 같으며 그의 눈은 불꽃 같고

일곱 금촛대로 표현하고 있습니다(계 1:20).

6. 성경에서 '7' 이 의미하는 바는 무엇입니까?

완전 수를 의미합니다.

6과 분향단, 휘장

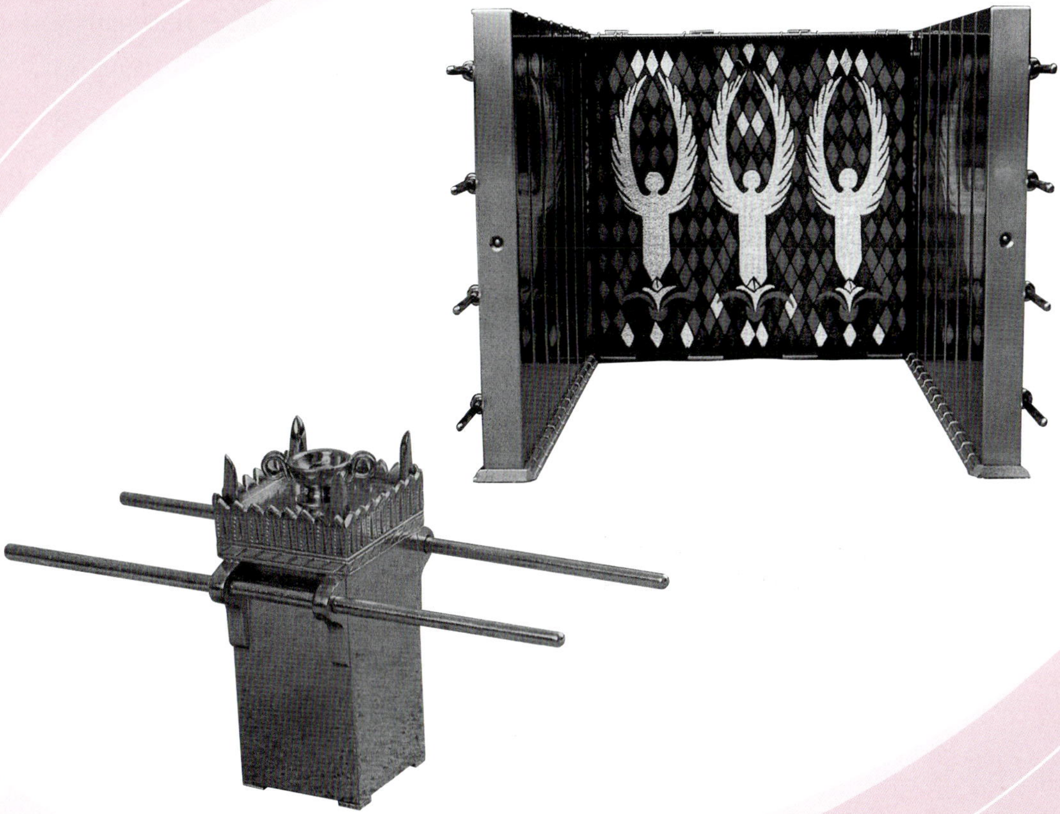

1-2 일 분향단

"너는 분향할 단을 만들지니 곧 조각목으로 만들되 장이 일 규빗, 광이 일 규빗으로 네모반듯하게 하고 고는 이 규빗으로 하며 그 뿔을 그것과 연하게 하고 단 상면과 전후좌우면과 뿔을 정금으로 싸고 주위에 금테를 두를지며 금테 아래 양편에 금고리 둘을 만들되 곧 그 양편에 만들지니 이는 단을 메는 채를 꿸 곳이며 그 채를 조각목으로 만들고 금으로 싸고 그 단을 증거궤 위 속죄소 맞은편 곧 증거궤 앞에 있는 장 밖에 두라 그 속죄소는 내가 너와 만날 곳이며 아론이 아침마다 그 위에 향기로운 향을 사르되 등불을 정리할 때에 사를지며 또 저녁 때 등불을 켤 때에 사를지니 이 향은 너희가 대대로 여호와 앞에 끊지 못할지며 너희는 그 위에 다른 향을 사르지 말며 번제나 소제를 드리지 말며 전제의 술을 붓지 말며 아론이 일년 일차씩 이 향단 뿔을 위하여 속죄하되 속죄제의 피로 일년 일차씩 대대로 속죄할지니라 이 단은 여호와께 지극히 거룩하니라"(출 30:1-10).

"여호와께서 모세에게 이르시되 너는 소합향과 나감향과 풍자향의 향품을 취하고 그 향품을 유향에 섞되 각기 동일한 중수로 하고 그것으로 향을 만들되 향 만드는 법대로 만들고 그것에 소금을 쳐서 성결하게 하고 그 향 얼마를 곱게 찧어 내가 너와 만날 회막 안 증거궤 앞에 두라 이 향은 너희에게 지극히 거룩하니라 네가 만들 향은 여호와를 위하여 거룩한 것이니 그 방법대로 너희를 위하여 만들지 말라 무릇 맡으려고 이같은 것을 만드는 자는 그 백성 중에서 끊쳐지리라"(출 30:34-38).

1. 다음 문장의 괄호를 채우십시오.

장막 동편의 문으로 들어가면 맨 처음에 (번제단)이 있고, 그 다음에

(물두멍)이 있습니다. 이것을 지나 첫 번째 방인 성소에 들어가면 오른쪽에 (떡상), 왼쪽에 (금등대)가 놓여져 있습니다. 이 성소와 두 번째 방인 지성소를 가름하는 가운데에 (휘장)이 쳐져 있고, 이 휘장 바로 앞에 성소 쪽으로 있는 것이 (분향단)입니다.

1) 분향단의 치수와 재료를 간단히 기술하십시오.

길이(장)가 1규빗, 넓이(광)가 1규빗, 높이(고)가 2규빗이며 조각목과 정금으로 만들었습니다.

2) 분향단이 어디에 놓였고, 무슨 목적으로 놓였습니까?

증거궤(법궤) 앞에 놓였으며, 향기로운 향을 사르기 위해서 놓였습니다.

3) "아론이 (아침)마다 그 위에 (향기로운 향)을 사르되 등불을 정리할 때 사를지며 또 (저녁) 때 등불을 켤 때에 사를지니" (7-8절).

4) 향을 사용하는 데 있어서는 어떤 제약이 있었습니까?(9절)

① 그 위에 다른 향을 사르지 말아야 합니다.
② 번제나 소제를 드리지 말아야 합니다.
③ 전제의 술을 붓지 말아야 합니다.

2. 분향은 무엇을 상징합니까?

요한계시록 8:3-4

3또 다른 천사가 와서 제단 곁에 서서 금 향로를 가지고 많은 향을 받았으니 이는
모든 성도의 기도들과 합하여 보좌 앞 금단에 드리고자 함이라 4향연이 성도의
기도와 함께 천사의 손으로부터 하나님 앞으로 올라가는지라

성도들의 기도를 상징합니다(계 8:3-4).

3. 그리스도께서 하나님과 인간 사이에서 보여주신 직분은 무엇입니까?

디모데전서 2:5

5하나님은 한 분이시요 또 하나님과 사람 사이에 중보도 한 분이시니 곧 사람이
신 그리스도 예수라

히브리서 7:24-25

24예수는 영원히 계시므로 그 제사 직분도 갈리지 아니하나니 25그러므로 자기를
힘입어 하나님께 나아가는 자들을 온전히 구원하실 수 있으니 이는 그가 항상 살
아서 저희를 위하여 간구하심이니라

중보자의 직분입니다(딤전 2:5, 히 7:24-25).

4. 그리스도께서는 연약한 제자들을 어떻게 도우셨습니까?

누가복음 22:31-32

31시몬아, 시몬아, 보라 사단이 밀 까부르듯 하려고 너희를 청구하였으나 32그러
나 내가 너를 위하여 네 믿음이 떨어지지 않기를 기도하였노니 너는 돌이킨 후에
네 형제를 굳게 하라

제자들을 위해 기도(중보)해 주셨습니다(눅 22:31-32).

5. 대제사장이신 예수님은 하나님 앞에 서서 우리의 제물과 기도를 받아 아버지께 바치십니다. 분향단이 증거궤 바로 앞에 있는 것처럼 예수님도 전능하신 하나님 앞에 계십니다. 그리고 우리의 기도인 향이 그리스도 앞에 타오릅니다. 뿐만 아니라 그리스도께서는 전능하신 하나님께 우리를 위하

여 직접 중보의 기도를 하고 계십니다. 우리는 오늘도 주님의 기도를 힘입고, 그분의 강력한 후광 속에 살고 있는 것입니다.

6. 뿔은 능력의 상징입니다. 번제단의 뿔은 (구원)의 능력을 의미하며 분향단의 뿔은 (기도)의 능력을 의미합니다.

7. 다음 질문을 읽고 답하시오.

1) 향은 언제 피웠으며, 향불을 중단할 수 있습니까?

출애굽기 30:7-8

7아론이 아침마다 그 위에 향기로운 향을 사르되 등불을 정리할 때에 사를지
며 8또 저녁때 등불을 켤 때에 사를지니 이 향은 너희가 대대로 여호와 앞에
끊지 못할지며

아침에 등불을 정리할 때와 저녁에 등불을 켤 때 향을 피웠습니다. 그리고 향을 끊지 못하였습니다(출 30:7-8).

2) 살전 5:16-18에서는 기도하는 시간에 대해 무엇을 말하고 있습니까?

데살로니가전서 5:16-18

16항상 기뻐하라 17쉬지 말고 기도하라 18범사에 감사하라 이는 그리스도 예수
안에서 너희를 향하신 하나님의 뜻이니라

쉬지 말고 기도할 것을 말하고 있습니다.

여호와와 함께 하루를 시작할 때, 그리고 하루를 끝마칠 때 기도하십시오. 기

도는 끊임없이 무시로 해야 합니다.

8. 오늘 당신의 삶은 어떻습니까? 죄성에 빠져 있습니까? 실의에 빠져 있습니까? 실망에 젖어 있습니까? 용기를 잃었나요? 왜 그렇습니까? 혹 당신의 삶 가운데 기도를 망각했기 때문은 아닌지요? 주님과 우리 사이에 지속적인 교훈이 이루어짐으로써 삶에 하나님의 능력과 향기로 가득 채워지고, 이웃과 세계를 위해 기도하며 사는 영광스러운 삶의 모습을 비전 속에 꿈꾸며, 여러분의 분향단에 향불을 피워 올리십시오.

〈 각 용기 · 크기의 비교 〉

1규빗: 45cm

용기 (Vessels)	높이 (Height)	길이 (Length)	넓이 (Breadth)
분향단	90cm (2규빗)	45cm (1규빗)	45cm (1규빗)
번제단	1m 35cm (3규빗)	2m 25cm (5규빗)	2m 25cm (5규빗)
떡상	67.5cm (1.5규빗)	90cm (2규빗)	45cm (1규빗)
언약궤	67.5cm (1.5규빗)	112.5cm (2.5규빗)	67.5cm (1.5규빗)
속죄소	주시지 않음	112.5cm (2.5규빗)	67.5cm (1.5규빗)
· 등　대: 측정할 수 없음 · 물두멍: 측정할 수 없음			

휘장

3-5 일

1. "너는 청색 자색 홍색실과 가늘게 꼰 베실로 짜서 장을 만들고 그 위에 그룹들을 공교히 수놓아서 금 갈고리로 네 기둥 위에 드리우되 그 네 기둥을 조각목으로 만들고 금으로 싸서 네 은받침 위에 둘지며 그 장을 갈고리 아래 드리운 후에 증거궤를 그 장 안에 들여놓으라 그 장이 너희를 위하여 성소와 지성소를 구별하리라 너는 지성소에 있는 증거궤 위에 속죄소를 두고 그 장 바깥 북편에 상을 놓고 남편에 등대를 놓아 상과 대하게 할지며 청색 자색 홍색실과 가늘게 꼰 베실로 수놓아 짜서 성막문을 위하여 장을 만들고 그 문장을 위하여 기둥 다섯을 조각목으로 만들어 금으로 싸고 그 갈고리도 금으로 만들지며 또 그 기둥을 위하여 받침 다섯을 놋으로 부어 만들지니라" (출 26:31-37).

1) 다음 질문에 답하십시오.

① 사용된 색깔 : 청색, 자색, 홍색입니다.

② 장 위의 수놓은 형상 : 그룹(천사)의 형상입니다.

③ 기둥의 수 : 휘장에는 4개이며, 성막 문에는 5개입니다.

④ 기둥의 재료 : 조각목으로 만들고 금으로 쌌습니다.

⑤ 갈고리 재료 : 금으로 만들었습니다.

⑥ 받침 재료 : 지성소는 은으로 받침을 만들고 성막문은 놋으로 받침을 만들었습니다.

색깔과 재료의 의미를 2과에서 참조하십시오.

2) 장의 목적은 무엇이었습니까?(33절)

성소와 지성소를 구별하기 위함이었습니다.

2. 휘장을 열고 들어가면 곧바로 지성소가 있고, 그 지성소 안에 언약궤가 놓여져 있습니다. 언약궤에서 제일 중요한 부분은 속죄소, 즉 '은혜의 보좌' 입니다. 이 속죄소를 둘러싸고 있는 부분에는 아주 놀라운 하나님의 영광이 임했습니다. 이스라엘 백성들은 그 영광을 가리켜 "신의 영광" 이라고 하였습니다. 그곳에 하나님의 거룩한 영광을 나타내는 빛이 충만했습니다.

"그 후에 구름이 회막에 덮이고 여호와의 영광이 성막에 충만하매 모세가 회막에 들어갈 수 없었으니 이는 구름이 회막 위에 덮이고 여호와의 영광이 성막에 충만함이었으며" (출 40:34-35).

휘장만 열면 지성소 안에 하나님의 영광이 가득 차 있었습니다. 이 휘장은 '예수 그리스도의 육체' 를 상징합니다. 그렇다면 예수 그리스도 안에 하나님의 영광이 가득 차 있다는 이야기가 성립됩니다.

사도 바울은 이 놀라운 사실을 골로새서 2:9에서 어떻게 묘사하고 있습니까?

골로새서 2:9

9그 안에는 신성의 모든 충만이 육체로 거하시고

3. 휘장 안의 지성소에는 대제사장 외에는 아무도 들어갈 수 없었습니다. 그곳에 들어갈 수 있었던 단 한 사람, 대제사장도 아무 때나 들어갈 수 없었습니다. 일 년에 꼭 한번, 온 몸에 속죄의 피를 뿌리고서만 들어갈 수 있었습니다. 그리스도의 피 뿌림을 힘입지 않고서는 아무도 하나님 앞에 설 수 없습니다. 그리스도의 피 뿌림을 통해서 용서받은 사람으로서 우리는 비로소 하나님 앞에서 서는 것입니다. 만일 이 원칙을 무시하고 누군가가 휘장을 열고 지성소로 접근하려고 했다면 그 결과는 죽음뿐입니다. 이 원칙을 무시하고 들어갔다가 죽었던 예가 있습니까? 그때 하나님께서 주신 경고는 무엇입니까?

레위기 16:1-2

1아론의 두 아들이 여호와 앞에 나아가다가 죽은 후에 여호와께서 모세에게 말씀하시니라 2여호와께서 모세에게 이르시되 네 형 아론에게 이르라 성소의 장 안 법궤 위 속죄소 앞에 무시로 들어오지 말아서 사망을 면하라 내가 구름 가운데서 속죄소 위에 나타남이니라

아론의 두 아들이 죽었습니다(레 16:1). 하나님께서는 아무나 무시로 속죄소 앞으로 들어오지 말라고 경고하셨습니다(레 6:2)

4. 다음의 질문에 답하십시오.

1) 마 27:50-51과 눅 23:45에 의하면 그리스도께서 죽으신 날에 성소의 휘장에 어떠한 일이 일어났습니까?

마태복음 27:50-51

50예수께서 다시 크게 소리 지르시고 영혼이 떠나시다 51이에 성소 휘장이 위로부터 아래까지 찢어져 둘이 되고 땅이 진동하며 바위가 터지고

누가복음 23:45

45성소의 휘장이 한가운데가 찢어지더라

휘장이 위로부터 아래까지 찢어졌습니다(마 27:50-51).

휘장이 한가운데가 찢어졌습니다(눅 23:45).

2) 휘장이 찢어진 방향을 고려한다면 휘장은 누가 찢은 것입니까?

하나님께서 휘장을 찢으셨습니다. 인간이 찢은 것이라면 아래에서 위로 찢어져야 합니다.

3) 휘장이 찢어짐으로 성소에서 지성소로 나아갈 수 있는 길이 열렸습니다. 다음 성구를 읽고 히브리서 기자는 이 사건을 어떻게 해석하고 있는지 자신의 표현으로 설명해 보십시오.

구약 시대의 성소를 예수 그리스도의 모형으로 해석하고 있습니다. 예수 그리스도가 이 세상에 오셔서 어떤 짐승의 피보다도 온전하신 자신의 피로 영원한 속죄를 이루셨다고 해석하고 있습니다.

"예비한 첫 장막이 있고 그 안에 등대와 상과 진설병이 있으니 이는 성소라 일컫고 또 둘째 휘장 뒤에 있는 장막을 지성소라 일컫나니… 오직 둘째 장막은 대제사장이 홀로 일 년 일 차씩 들어가되 피 없이는 아니하나니 이 피는 자기와 백성의 허물을 위하여 드리는 것이라 성령이 이로써 보이신 것은 첫 장막이 서 있을 동안에 성소에 들어가는 길이 아직 나타나지 아니한 것이라 이 장막은 현재까지의 비유니 이에 의지하여 드리는 예물과 제사가 섬기는 자로 그 양심상으로 온전케 할 수 없나니 이런 것은 먹고 마시는 것과 여러 가지 씻는 것과 함께 육체의 예법만 되어 개혁할 때까지 맡겨 둔 것이니라 그리스도께서 장래 좋은 일의 대제사장으로 오사 손으로 짓지 아니한, 곧 이 창조에 속하지 아니한 더 크고 온전한 장막으로 말미암아 염소와 송아지의 피로 아니하고 오직 자기 피로 영원한 속죄를 이루사 단번에 성소에 들어가셨느니라… 그러므로 하늘에 있는 것들의 모형은 이런 것들로써 정결케 할 필요가 있었으나 하늘에 있는 그것들은 이런 것들보다 더 좋은 제물로 할지니라"(히 9:2-3, 7-12, 23).

5. 히 10:19-22을 읽고 다음 질문에 답하십시오.

히브리서 10:19-22

19그러므로 형제들아 우리가 예수의 피를 힘입어 성소에 들어갈 담력을 얻었나
니 20그 길은 우리를 위하여 휘장 가운데로 열어 놓으신 새롭고 산 길이요 휘장
은 곧 저의 육체니라 21또 하나님의 집 다스리는 큰 제사장이 계시매 22우리가 마
음에 뿌림을 받아 양심의 악을 깨닫고 몸을 맑은 물로 씻었으니 참 마음과 온전
한 믿음으로 하나님께 나아가자

1) 휘장은 무엇을 상징합니까? 어떻게 그리스도의 육체가 찢어졌습니까?

   휘장은 예수님의 육체를 상징합니다. 그의 몸이 십자가에서 찢기셨습니다.

2) 이 사실에서 우리는 무엇을 할 수 있습니까?

   하나님 앞으로 나갈 수 있습니다. 어떤 것으로도 하나님 앞에 나갈 수 없는 인간이 오직 예수 그리스도의 십자가를 통해서만 나갈 수 있는 하나님의 은혜입니다.

6. 갈 2:20, 롬 6:4-14을 읽고 다음 질문에 답하십시오.

갈라디아서 2:20

20내가 그리스도와 함께 십자가에 못박혔나니 그런즉 이제는 내가 산 것이 아니요 오직 내 안에 그리스도께서 사신 것이라 이제 내가 육체 가운데 사는 것은 나

를 사랑하사 나를 위하여 자기 몸을 버리신 하나님의 아들을 믿는 믿음 안에서
사는 것이라

로마서 6:4-14

4그러므로 우리가 그의 죽으심과 합하여 세례를 받음으로 그와 함께 장사되었나
니 이는 아버지의 영광으로 말미암아 그리스도를 죽은 자 가운데서 살리심과 같
이 우리로 또한 새 생명 가운데서 행하게 하려 함이니라 5만일 우리가 그의 죽으
심을 본받아 연합한 자가 되었으면 또한 그의 부활을 본받아 연합한 자가 되리라
6우리가 알거니와 우리 옛 사람이 예수와 함께 십자가에 못박힌 것은 죄의 몸이
멸하여 다시는 우리가 죄에게 종노릇하지 아니하려 함이니 7이는 죽은 자가 죄
에서 벗어나 의롭다 하심을 얻었음이니라 8만일 우리가 그리스도와 함께 죽었으
면 또한 그와 함께 살 줄을 믿노니 9이는 그리스도께서 죽은 자 가운데서 사셨으
매 다시 죽지 아니하시고 사망이 다시 그를 주장하지 못할 줄을 앎이로라 10그의
죽으심은 죄에 대하여 단번에 죽으심이요 그의 살으심은 하나님께 대하여 살으
심이니 11이와 같이 너희도 너희 자신을 죄에 대하여는 죽은 자요 그리스도 예수
안에서 하나님을 대하여는 산 자로 여길지어다 12그러므로 너희는 죄로 너희 죽
을 몸에 왕노릇하지 못하게 하여 몸의 사욕을 순종치 말고 13또한 너희 지체를
불의의 병기로 죄에게 드리지 말고 오직 너희 자신을 죽은 자 가운데서 다시 산
자같이 하나님께 드리며 너희 지체를 의의 병기로 하나님께 드리라 14죄가 너희
를 주관치 못하리니 이는 너희가 법 아래 있지 아니하고 은혜 아래 있음이니라

1) 그리스도께서 죽으심으로 말미암아 당신의 이기적인 생활, 낡은 본성에 어떠한 일이 일어났습니까?

나의 옛 사람은 그리스도와 함께 십자가에 죽었으므로 이제 내가 사는 것은 내 안에 그리스도께서 사는 것으로 여겨야 합니다.

2) 이 말씀을 생활에서 실현하기 위해서는 무엇을 해야 합니까?

이제부터는 나의 몸을 썩어질 것을 위해 불의의 병기로 드리지 말고 의의 병기로 하나님께 내 자신을 드리는 삶을 살아야 합니다.

7. 휘장이 찢어진 사실에서 우리는 다음 두 가지 사항을 주목할 필요가 있습니다.

첫째, 휘장은 한 번만 찢어졌습니다.

휘장은 한 번만 찢어진 것으로 족합니다. 예수 그리스도의 단 한 번의 죽음이, 거룩하고 흠이 없는 무죄한 그분이 자신의 몸을 제물로써 십자가라는 제단에 드리심으로 말미암아 우리가 하나님 앞에 나아갈 수 있는 놀라운 길이 열렸습니다.

둘째, 휘장은 위에서 아래로 찢어졌습니다.

위에서 아래로 찢어졌다는 것은 휘장을 하나님께서 찢으셨다는 것을 의미합니다. 예수께서 죽으시는 순간에 휘장이 위에서부터 아래로 쫙 찢어졌습니다. 누가 그리스도를 이 땅에 보내셨습니까? 아버지 하나님이십니다. 누가 그분을 십자가의 제물로 내어 주셨습니까? 아버지 하나님이십니다. "하나님이 세상을 이처럼 사랑하사 독생자를 주셨으니"(요 3:16).
누가 그분을 십자가에 매달으셨습니까? 아버지 하나님이십니다. 무엇 때문입니까? 우리를 사랑하시기 때문입니다. 그 아들을 제물로 내어주심으로, 그분의 몸을 찢으심으로, 그분을 피 흘리게 하심으로 우리가 하나님 앞으로 나아갈 수 있는 놀라운 길이 열린 것입니다.

그 길이 열렸다는 것은 **세 가지의 놀라운 축복**이 우리에게 주어졌다는 것을 의미합니다.

첫째, 우리는 죄사함을 받고 하나님 앞에 나아가 하나님과 만나게 되었습니다. 그것이 **구원**입니다.

둘째, 우리는 한 번만 하나님 앞에 나아가는 것이 아니라 계속해서 나아갈

1 일

1. 언약궤의 모습

"그들은 조각목으로 궤를 짓되 장이 이 규빗 반, 광이 일 규빗 반, 고가 일 규빗 반이 되게 하고 너는 정금으로 그것을 싸되 그 안팎을 싸고 윗가로 돌아가며 금테를 두르고 금고리 넷을 부어 만들어 그 네 발에 달되 이편에 두 고리요 저편에 두 고리며 조각목으로 채를 만들고 금으로 싸고 그 채를 궤 양편 고리에 꿰어서 궤를 메게 하며 채를 궤의 고리에 꿴대로 두고 빼어내지 말지며 내가 네게 줄 증거판을 궤 속에 둘지며 정금으로 속죄소를 만들되 장이 이 규빗 반, 광이 일 규빗 반이 되게 하고 금으로 그룹 둘을 속죄소 두 끝에 쳐서 만들되 한 그룹은 이 끝에, 한 그룹은 저 끝에 곧 속죄소 두 끝에 속죄소와 한 덩이로 연하게 할지며 그룹들은 그 날개를 높이 펴서 그 날개로 속죄소를 덮으며 그 얼굴을 서로 대하여 속죄소를 향하게 하고 속죄소를 궤 위에 얹고 내가 네게 줄 증거판을 궤 속에 넣으라 거기서 내가 너와 만나고 속죄소 위 곧 증거궤 위에 있는 두 그룹 사이에서 내가 이스라엘 자손을 위하여 네게 명할 모든 일을 네게 이르리라"(출 25:10-22).

"첫 언약에도 섬기는 예법과 세상에 속한 성소가 있더라 예비한 첫 장막이 있고 그 안에 등대와 상과 진설병이 있으니 이는 성소라 일컫고 또 둘째 휘장 뒤에 있는 장막을 지성소라 일컫나니 금향로와 사면을 금으로 싼 언약궤가 있고 그 안에 만나를 담은 금항아리와 아론의 싹난 지팡이와 언약의 비석들이 있고 그 위에 속죄소를 덮는 영광의 그룹들이 있으니 이것들에 관하여는 이제 낱낱이 말할 수 없노라"(히 9:1-5).

2. 언약궤의 용도

1) 민수기 10:33-36에 의하면, 이스라엘 백성들이 행진할 때 언약궤는 어디에 위치하였습니까?(33절)

민수기 10:33-36

33그들이 여호와의 산에서 떠나 삼 일 길을 행할 때에 여호와의 언약궤가 그 삼
일 길에 앞서 행하며 그들의 쉴 곳을 찾았고 34그들이 행진할 때에 낮에는 여
호와의 구름이 그 위에 덮였었더라 35궤가 떠날 때에는 모세가 가로되 여호와
여 일어나사 주의 대적들을 흩으시고 주를 미워하는 자로 주의 앞에서 도망하
게 하소서 하였고 36궤가 쉴 때에는 가로되 여호와여 이스라엘 천만 인에게로 돌
아오소서 하였더라

이스라엘 백성들이 행진할 때에 그들의 앞에 위치하였습니다(민 10:33).

2) 이 위치는 언약궤의 어떤 역할을 상징합니까?

하나님의 인도하심과 임재하심과 보호하심을 상징합니다.

3) 언약궤는 무엇을 상징합니까?(36절)

하나님의 임재를 상징합니다.

4) 이스라엘이 블레셋과의 전쟁에서 패하였을 때 그 패배의 원인을 어디서 찾았습니까?(삼상 4:1-3) 그렇다면 언약궤는 무엇을 상징합니까?

사무엘상 4:1-3

1사무엘의 말이 온 이스라엘에 전파되니라 이스라엘은 나가서 블레셋 사람과
싸우려고 에벤에셀 곁에 진치고 블레셋 사람은 아벡에 진쳤더니 2이스라엘을
대하여 항오를 벌이니라 그 둘이 싸우다가 이스라엘이 블레셋 사람 앞에서 패
하여 그들에게 전쟁에서 죽임을 당한 군사가 사천 명 가량이라 3백성이 진으
로 돌아오매 이스라엘 장로들이 가로되 여호와께서 어찌하여 우리로 오늘 블
레셋 사람 앞에 패하게 하셨는고 여호와의 언약궤를 실로에서 우리에게로 가

져다가 우리 중에 있게 하여 그것으로 우리를 우리 원수들의 손에서 구원하게 하자 하니

하나님의 언약궤가 이스라엘과 함께 있지 않았기에 패하였다고 생각했습니다. 언약궤는 하나님의 능력과 권세를 상징합니다.

2-3 일 3. 언약궤의 내용물

1) 아래의 성경 구절을 읽고, 언약궤 안에 무엇이 들어 있는지 기록하십시오.

출애굽기 25:16

16내가 네게 줄 증거판을 궤 속에 둘지며

신명기 10:1-5

1그때에 여호와께서 내게 이르시기를 너는 처음과 같은 두 돌판을 다듬어 가
지고 산에 올라 내게로 나아오고 또 나무궤 하나를 만들라 2네가 깨뜨린 처음
판에 쓴 말을 내가 그 판에 쓰리니 너는 그것을 그 궤에 넣으라 하시기로 3내
가 싯딤나무로 궤를 만들고 처음 것과 같은 돌판 둘을 다듬어 손에 들고 산에
오르매 4여호와께서 그 총회 날에 산 위 불 가운데서 너희에게 이르신 십계명
을 처음과 같이 그 판에 쓰시고 그것을 내게 주시기로 5내가 돌이켜 산에서 내
려와서 여호와께서 내게 명하신 대로 그 판을 내가 만든 궤에 넣었더니 지금
까지 있느니라

민수기 17:10

10여호와께서 또 모세에게 이르시되 아론의 지팡이는 증거궤 앞으로 도로 가져다가 거기 간직하여 패역한 자에 대한 표징이 되게 하여 그들로 내게 대한 원망을 그치고 죽지 않게 할지니라

히브리서 9:4

4금향로와 사면을 금으로 싼 언약궤가 있고 그 안에 만나를 담은 금항아리와
아론의 싹난 지팡이와 언약의 비석들이 있고

출애굽기 16:33-34

33또 아론에게 이르되 항아리를 가져다가 그 속에 만나 한 오멜을 담아 여호
와 앞에 두어 너희 대대로 간수하라 34아론이 여호와께서 모세에게 명하신 대
로 그것을 증거판 앞에 두어 간수하게 하였고

① 증거판(출 25:16), 곧 십계명을 기록한 돌판(신 10:1-5).

② 아론의 싹 난 지팡이(민 17:10, 히 9:4).

③ 만나를 담은 항아리(히 9:4, 출 16:33-34).

2) 관계가 있는 것끼리 선을 그어 연결하십시오.

주의 법(시 40:8) •	• 부활의 새 생명
아론의 지팡이(요 11:25-26) •	• 말씀의 양식
만나 항아리(출 16:24) •	• 하나님의 말씀에 대한 순종

3) 만나

① 이스라엘 백성들은 광야에서 처음 만나를 맛보았을 때, 그 맛이 마치 꿀 섞은 과자와도 같다고 느끼면서 하나님을 찬양하고 감사했습니다. 그러나 시간이 흐르면서 그들의 반응은 어떻게 변했습니까?

민수기 11:4-6

4이스라엘 중에 섞여 사는 무리가 탐욕을 품으매 이스라엘 자손도 다시 울며
가로되 누가 우리에게 고기를 주어 먹게 할꼬 5우리가 애굽에 있을 때에는 값
없이 생선과 외와 수박과 부추와 파와 마늘들을 먹은 것이 생각나거늘 6이제
는 우리 정력이 쇠약하되 이 만나 외에는 보이는 것이 아무것도 없도다 하니

만나 외에는 보이는 것이 없다고 원망하였습니다(민 11:6).

② 이스라엘 백성들은 만나를 무엇이라고 칭합니까?

민수기 21:4-6

4백성이 호르산에서 진행하여 홍해 길로 좇아 에돔 땅을 둘러 행하려 하였다
가 길로 인하여 백성의 마음이 상하니라 5백성이 하나님과 모세를 향하여 원
망하되 어찌하여 우리를 애굽에서 인도하여 올려서 이 광야에서 죽게 하는고
이곳에는 식물도 없고 물도 없도다 우리 마음이 이 박한 식물을 싫어하노라
하매 6여호와께서 불뱀들을 백성 중에 보내어 백성을 물게 하시므로 이스라
엘 백성 중에 죽은 자가 많은지라

박한 식물이라 불렀습니다(민 21:5).

▷만나에 대한 명칭의 변화

꿀 섞은 과자(출 16:31) → 기름섞은 과자(민 11:8) → 박한 식물(민 21:5)

③ 하나님께서는 이 만나를 어떻게 간수하도록 명하십니까?

출애굽기 16:33

33또 아론에게 이르되 항아리를 가져다가 그 속에 만나 한 오멜을 담아 여호와
앞에 두어 너희 대대로 간수하라

항아리에 만나 한 오멜을 담아 대대로 간수하라고 하셨습니다(출 16:33).

* 결국 언약궤 안에 있는 만나는 하나님께서 백성들을 얼마나 축복하셨는가, 그리고 백성들은 오히려 이 축복 앞에서 얼마나 원망과 불평을 늘어놓았는가를 보여주는 징표였습니다.

4) 아론의 싹 난 지팡이

① 하나님께서는 이스라엘 백성에게 모세와 아론을 지도자로 주셨습니다. 그런데 족장 250명과 함께 일어나 이들을 거스른 자들은 누구였습니까?

민수기 16:1-3

1레위의 증손 고핫의 손자 이스할의 아들 고라와 르우벤 자손 엘리압의 아들
다단과 아비람과 벨렛의 아들 온이 당을 짓고 2이스라엘 자손 총회에 택함을
받은 자 곧 회중에 유명한 어떤 족장 이백오십 인과 함께 일어나서 모세를 거
스르니라 3그들이 모여서 모세와 아론을 거스려 그들에게 이르되 너희가 분
수에 지나도다 회중이 다 각각 거룩하고 여호와께서도 그들 중에 계시거늘 너
희가 어찌하여 여호와의 총회 위에 스스로 높이느뇨

고라(레위의 증손 고핫의 손자 이스할의 아들)와 다단(르우벤의 자손 엘리압의 아들)과 아비람과 온(벨렛의 아들)이었습니다(민 16:1).

② 하나님께서는 이 문제를 어떻게 해결하셨습니까?

민수기 17:3-5, 8

3레위의 지팡이에는 아론의 이름을 쓰라 이는 그들의 종족의 각 두령이 지팡
이 하나씩 있어야 할 것임이니라 4그 지팡이를 회막 안에서 내가 너희와 만나
는 곳인 증거궤 앞에 두라 5내가 택한 자의 지팡이에는 싹이 나리니 이것으로
이스라엘 자손이 너희를 대하여 원망하는 말을 내 앞에서 그치게 하리라

8이튿날 모세가 증거의 장막에 들어가 본즉 레위집을 위하여 낸 아론의 지팡

를 향하게 하고 [21]속죄소를 궤 위에 얹고 내가 네게 줄 증거판을 궤 속에 넣으
라 [22]거기서 내가 너와 만나고 속죄소 위 곧 증거궤 위에 있는 두 그룹 사이에
서 내가 이스라엘 자손을 위하여 네게 명할 모든 일을 네게 이르리라

언약궤 위에 속죄소가 있습니다. 그곳은 하나님께서 백성들을 만나주시며 말씀하시는 장소였습니다.

그것은 무엇으로 만들어졌습니까?

금으로 만들었습니다.

2) 속죄소 위에는 어떤 형상이 있었습니까?

그룹(천사)의 형상이 있었습니다.

그것들은 쳐서 만들어졌는데 이것은 그것들이 등대와 같이 금덩이를 쳐서 평평하게 만들어졌다는 것을 의미합니다. 언약궤 위로 덮고 있는 그룹들은 날개를 제외하면 사람의 형상을 하고 있었을 것입니다. 그룹들은 인간의 죄악에서 하나님의 거룩하심을 보호하는 역할을 했던 것 같습니다.

3) 시 32:1-2, 롬 3:25에 의하면 그리스도께서 죽으셨을 때, 여러분의 죄에 대해 어떤 일을 하셨습니까?

시편 32:1-2

[1]허물의 사함을 얻고 그 죄의 가리움을 받은 자는 복이 있도다 [2]마음에 간사
가 없고 여호와께 정죄를 당치 않은 자는 복이 있도다

로마서 3:25

[25]이 예수를 하나님이 그의 피로 인하여 믿음으로 말미암는 화목 제물로 세우셨으니 이는 하나님께서 길이 참으시는 중에 전에 지은 죄를 간과하심으로 자기의 의로우심을 나타내려 하심이니

예수님은 화목 제물로 십자가에서 피 흘려 죽으심으로 우리의 모든 죄를 사하여 주셨습니다. 그러므로 그를 믿는 자는 정죄를 받지 않고 죄 사함을 얻게 됩니다.

'속죄소'라는 말은 구약의 용어로 '덮는다'라는 것을 의미합니다. 신약에서 '화해'(융화)라는 말은 성난 권위자를 진정시키거나 달래는 것을 의미합니다. 인간은 하나님의 율법을 어겼으므로 하나님의 거룩한 곳으로 자유롭게 나아갈 수 없었습니다. 그러나 자비하신 하나님께서는 불순종, 무법의 죄를 씻기 위해 속제물의 피를 예비하셨습니다. 구약의 모든 종류의 속제물은 인간의 죄를 위해 십자가 위에서 피를 흘리신 마지막 화목제물이신 그리스도를 상징합니다. 그리스도로 말미암아 하나님께 간구하면 하나님의 용서를 받을 수 있는 것입니다.

4) 대제사장인 아론이 속죄소 앞에서 무엇을 행하였습니까?

레위기 16:11-16

11아론은 자기를 위한 속죄제의 수송아지를 드리되 자기와 권속을 위하여 속
죄하고 자기를 위한 그 속죄제 수송아지를 잡고 12향로를 취하여 여호와 앞
단 위에서 피운 불을 그것에 채우고 또 두 손에 곱게 간 향기로운 향을 채워
가지고 장 안에 들어가서 13여호와 앞에서 분향하여 향연으로 증거궤 위 속죄
소를 가리우게 할지니 그리하면 그가 죽음을 면할 것이며 14그는 또 수송아지
의 피를 취하여 손가락으로 속죄소 동편에 뿌리고 또 손가락으로 그 피를 속
죄소 앞에 일곱 번 뿌릴 것이며 15또 백성을 위한 속죄제 염소를 잡아 그 피를
가지고 장 안에 들어가서 그 수송아지 피로 행함같이 그 피로 행하여 속죄소
위와 속죄소 앞에 뿌릴지니 16곧 이스라엘 자손의 부정과 그 범한 모든 죄를
인하여 지성소를 위하여 속죄하고 또 그들의 부정한 중에 있는 회막을 위하여
그같이 할 것이요

속죄제를 통해서 백성들의 모든 죄를 사함받게 하였습니다(레 16:11-16).

날까지 발행하지 아니하였으며 낮에는 여호와의 구름이 성막 위에 있고 밤에는 불이 그 구름 가운데 있음을 이스라엘의 온 족속이 그 모든 행하는 길에서 친히 보았더라"(출 40:34-38).

1) 하나님께서는 성막이 완성되었을 때 어떤 은혜를 베푸셨습니까?

출애굽기 39:43 ; 40:34-38

39:43모세가 그 필한 모든 것을 본즉 여호와께서 명하신 대로 되었으므로 그들에게 축복하였더라

40:34그 후에 구름이 회막에 덮이고 여호와의 영광이 성막에 충만하매 35모세
가 회막에 들어갈 수 없었으니 이는 구름이 회막 위에 덮이고 여호와의 영광
이 성막에 충만함이었으며 36구름이 성막 위에서 떠오를 때에는 이스라엘 자
손이 그 모든 행하는 길에 앞으로 발행하였고 37구름이 떠오르지 않을 때에는
떠오르는 날까지 발행하지 아니하였으며 38낮에는 여호와의 구름이 성막 위
에 있고 밤에는 불이 그 구름 가운데 있음을 이스라엘의 온 족속이 그 모든 행
하는 길에서 친히 보았더라

① 이스라엘 백성들을 축복하셨습니다(출 39:43).

② 성막 위에 하나님의 영광이 충만하게 거하였습니다(출 40:34).

③ 성막 위에 구름 기둥과 불기둥이 거하였습니다(출40:35-38)

2) 성막을 통해서 하나님은 하나님의 백성들의 생애 속에 생생한 하나님의 역사를 시청각적으로 보여 주셨습니다. 성막의 건축이 다 끝난 다음에 하나님은 이스라엘 백성들에게 구름을 주셔서 이 구름으로 장막을 덮도록 하셨습니다. 구름은 첫째, 하나님의 임재를 보여 주었습니다. 둘째, 하나님의 인도하심을 보여 주었습니다. 성막의 낙성식은 하나님의 임재와 인도하심을 상징하는 구름의 축복으로 대단원의 막을 내렸습니다. 그러나 성막이 본질적으로 표상하는 바 예수 그리스도는 우리

안에 거하시며 장막을 치심으로(요 1:14), 성막 안에 있는 모든 축복을 우리 생애 속에 열어 주십니다.

요한복음 1:14

14말씀이 육신이 되어 우리 가운데 거하시매 우리가 그 영광을 보니 아버지의 독생자의 영광이요 은혜와 진리가 충만하더라

Tabernacle

부 록

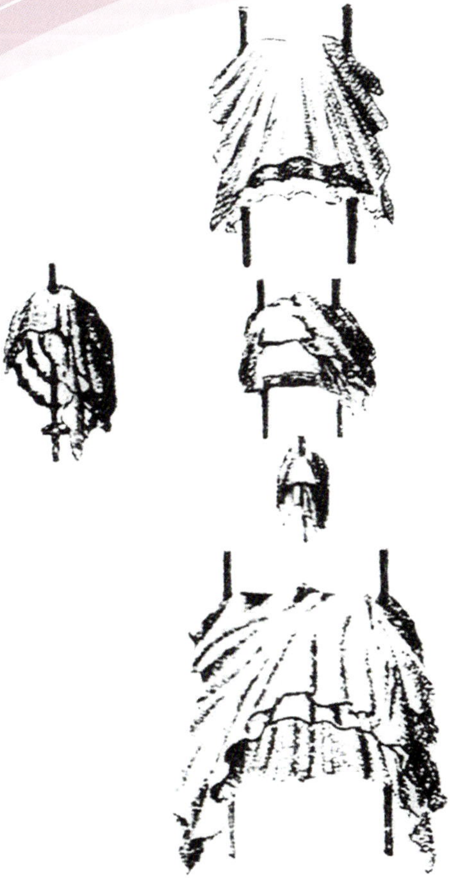

▲ 성막 전경

▲ 번제 드리는 모습

▲ 문

▲ 기둥

▲ 번제단

▲ 번제단 분리된 모습

▲ 언제나 물이 가득 채워져 있는 물두멍

▲ 물두멍이 분리된 모습

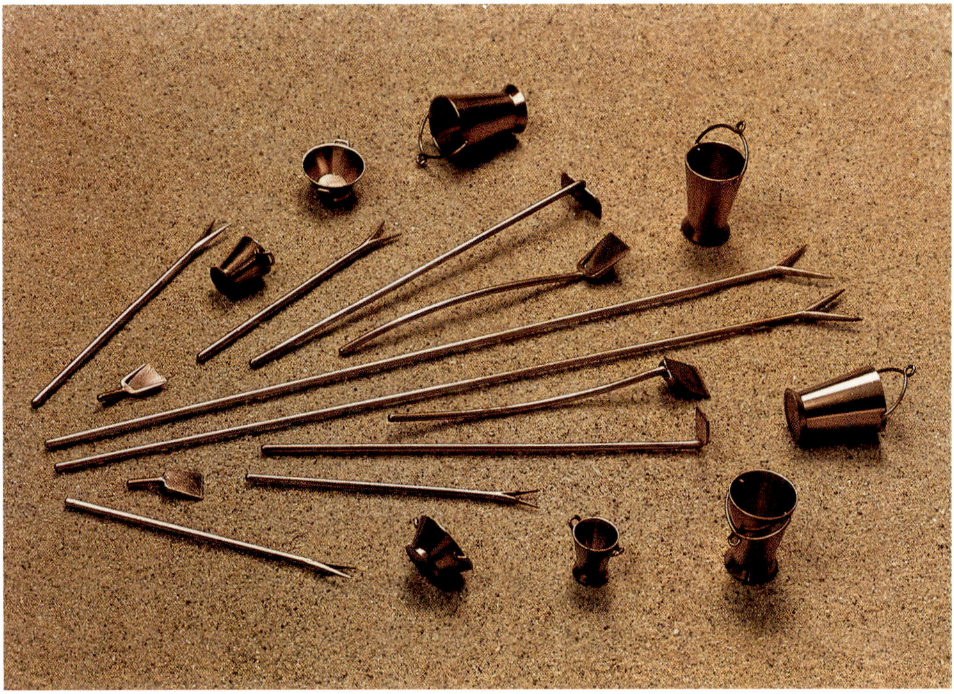

▲ 성막 뜰에서 사용된 기구들

▲ 성소 안에서 사용된 기구들

▲ 성소 내부 모습

▲ 네 가지 성막 덮개

▲ 떡상

▲ 등대

▲ 분향단

▲ 성소와 지성소를 나누는 휘장

▲ 언약궤

▲ 언약궤에 들어간 물건들

▲ 대제사장

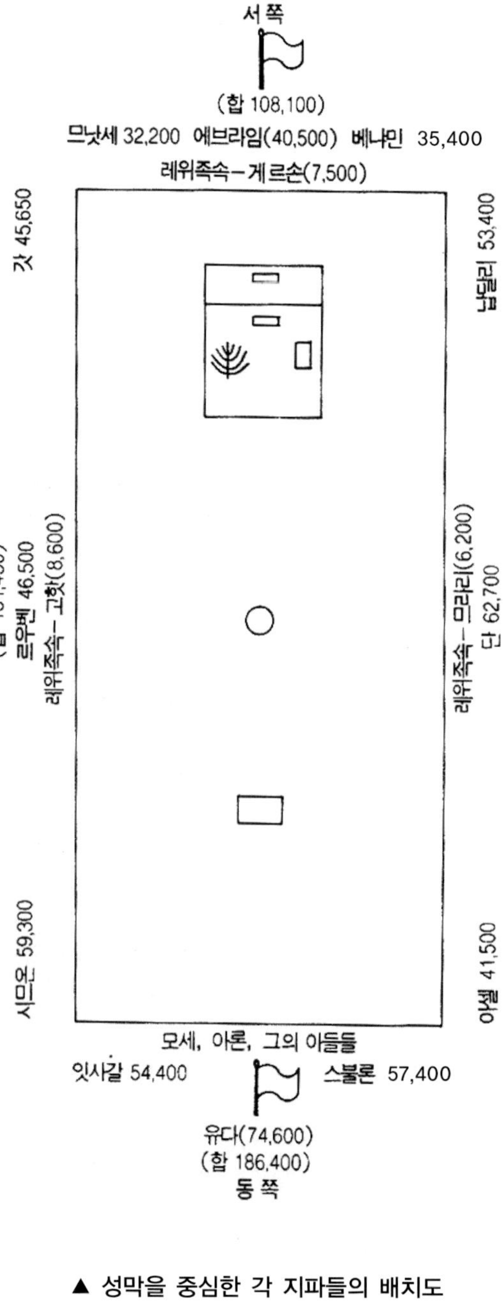

▲ 성막을 중심한 각 지파들의 배치도

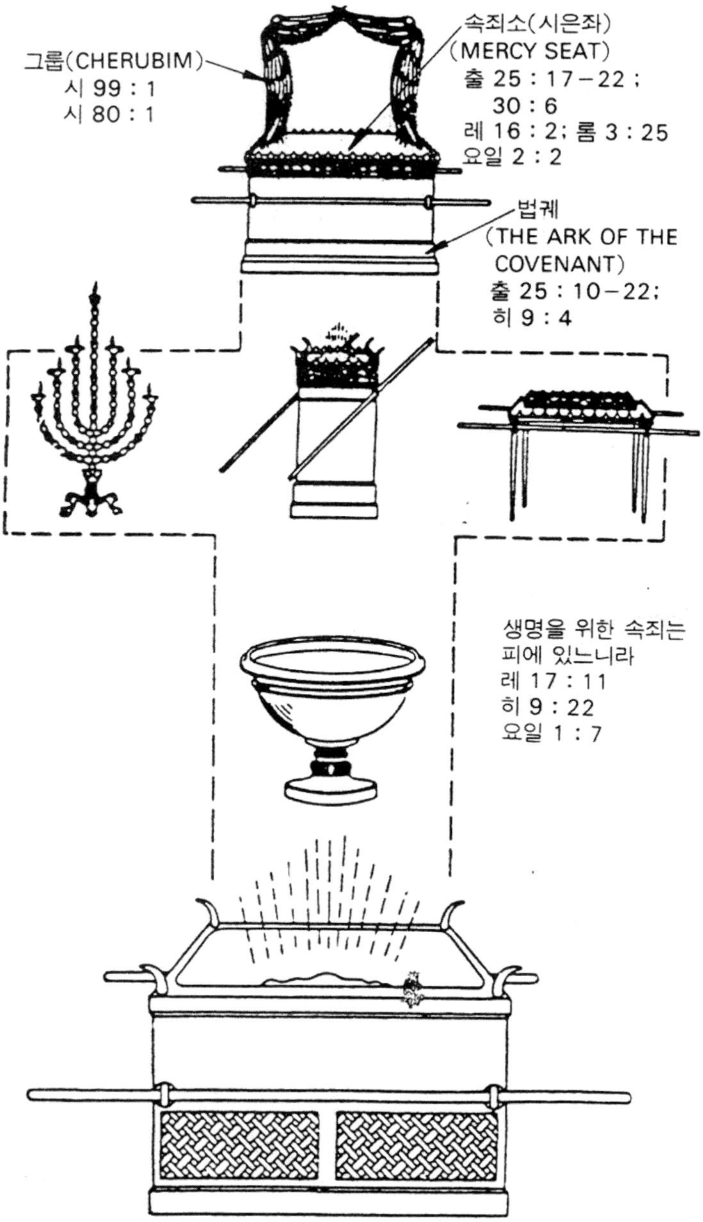
그룹(CHERUBIM)
시 99 : 1
시 80 : 1
속죄소(시은좌)
(MERCY SEAT)
출 25 : 17－22 ;
30 : 6
레 16 : 2; 롬 3 : 25
요일 2 : 2
법궤
(THE ARK OF THE
COVENANT)
출 25 : 10－22;
히 9 : 4
생명을 위한 속죄는
피에 있느니라
레 17 : 11
히 9 : 22
요일 1 : 7

▲ 성막기구의 도해

광야의 성막
〈민수기 10:14-28〉

구름기둥과 불기둥

하나님의 인도

유다
잇사갈
스불론

게르손(성막, 장막, 단사면에 있는 뜰의 문장과 그 모든 것에 쓰는 줄들 등 운반 책임담당 / 민 3:25-26)

무라리(성막의 널판, 그 띠, 그 기둥, 그 받침, 그 모든 기구, 기구에 쓰는 모든 것, 뜰사면 기둥, 그 받침, 그 말뚝, 그 줄들 운반 책임담당 / 민 3:36-37)

르우벤
시므온
갓
고핫

(법궤, 상, 등대, 단들, 성소에서 봉사하는데 쓰는 기구들, 휘장, 그것에 쓰는 모든 것 / 민 3:31)

가운데 계신 하나님

에브라임
므낫세
베냐민
단
아셀
납달리

▲ 성막에 관련된 여러 위치들

출애굽기 24장

1 또 모세에게 이르시되 너는 아론과 나답과 아비후와 이스라엘 장로 칠십 인과 함께
여호와에게로 올라와 멀리서 경배하고
2 너 모세만 여호와에게 가까이 나아오고 그들은 가까이 나아오지 말며 백성은 너와
함께 올라오지 말지니라
3 모세가 와서 여호와의 모든 말씀과 그 모든 율례를 백성에게 고하매 그들이 한 소리
로 응답하여 가로되 여호와의 명하신 모든 말씀을 우리가 준행하리이다
4 모세가 여호와의 모든 말씀을 기록하고 이른 아침에 일어나 산 아래 단을 쌓고 이스
라엘 십이 지파대로 열두 기둥을 세우고
5 이스라엘 자손의 청년들을 보내어 번제와 소로 화목제를 여호와께 드리게 하고
6 모세가 피를 취하여 반은 여러 양푼에 담고 반은 단에 뿌리고
7 언약서를 가져 백성에게 낭독하여 들리매 그들이 가로되 여호와의 모든 말씀을 우리
가 준행하리이다
8 모세가 그 피를 취하여 백성에게 뿌려 가로되 이는 여호와께서 이 모든 말씀에 대하
여 너희와 세우신 언약의 피니라
9 모세와 아론과 나답과 아비후와 이스라엘 장로 칠십 인이 올라가서
10 이스라엘 하나님을 보니 그 발 아래에는 청옥을 편 듯하고 하늘같이 청명하더라
11 하나님이 이스라엘의 존귀한 자들에게 손을 대지 아니하셨고 그들은 하나님을 보고
먹고 마셨더라
12 여호와께서 모세에게 이르시되 너는 산에 올라 내게로 와서 거기 있으라 너로 그들

을 가르치려고 내가 율법과 계명을 친히 기록한 돌판을 네게 주리라
13 모세가 그 종자 여호수아와 함께 일어나 하나님의 산으로 올라가며
14 장로들에게 이르되 너희는 여기서 우리가 너희에게로 돌아오기까지 기다
리라 아론과 훌이 너희와 함께 하리니 무릇 일이 있는 자는 그들에게로 나
아갈지니라 하고
15 모세가 산에 오르매 구름이 산을 가리며
16 여호와의 영광이 시내 산 위에 머무르고 구름이 육 일 동안 산을 가리더니
제 칠 일에 여호와께서 구름 가운데서 모세를 부르시니라
17 산 위의 여호와의 영광이 이스라엘 자손의 눈에 맹렬한 불같이 보였고
18 모세는 구름 속으로 들어가서 산 위에 올랐으며 사십 일 사십 야를 산에 있
으니라

출애굽기 25장

1 여호와께서 모세에게 일러 가라사대
2 이스라엘 자손에게 명하여 내게 예물을 가져 오라 하고 무릇 즐거운 마음으로 내는
자에게서 내게 드리는 것을 너희는 받을지니라
3 너희가 그들에게서 받을 예물은 이러하니 금과 은과 놋과
4 청색 자색 홍색실과 가는 베실과 염소털과
5 붉은 물 들인 숫양의 가죽과 해달의 가죽과 조각목과
6 등유와 관유에 드는 향품과 분향할 향을 만들 향품과
7 호마노며 에봇과 흉패에 물릴 보석이니라
8 내가 그들 중에 거할 성소를 그들을 시켜 나를 위하여 짓되
9 무릇 내가 네게 보이는 대로 장막의 식양과 그 기구의 식양을 따라 지을지니라
10 그들은 조각목으로 궤를 짓되 장이 이 규빗 반, 광이 일 규빗 반, 고가 일 규빗 반이
되게 하고
11 너는 정금으로 그것을 싸되 그 안팎을 싸고 윗가로 돌아가며 금테를 두르고
12 금고리 넷을 부어 만들어 그 네 발에 달되 이편에 두 고리요 저편에 두 고리며
13 조각목으로 채를 만들고 금으로 싸고
14 그 채를 궤 양편 고리에 꿰어서 궤를 메게 하며
15 채를 궤의 고리에 꿴대로 두고 빼어내지 말지며
16 내가 네게 줄 증거판을 궤 속에 둘지며
17 정금으로 속죄소를 만들되 장이 이 규빗 반, 광이 일 규빗 반이 되게 하고

18 금으로 그룹 둘을 속죄소 두 끝에 쳐서 만들되
19 한 그룹은 이 끝에, 한 그룹은 저 끝에 곧 속죄소 두 끝에 속죄소와 한 덩이
로 연하게 할지며
20 그룹들은 그 날개를 높이 펴서 그 날개로 속죄소를 덮으며 그 얼굴을 서로
대하여 속죄소를 향하게 하고
21 속죄소를 궤 위에 얹고 내가 네게 줄 증거판을 궤 속에 넣으라
22 거기서 내가 너와 만나고 속죄소 위 곧 증거궤 위에 있는 두 그룹 사이에서
내가 이스라엘 자손을 위하여 네게 명할 모든 일을 네게 이르리라
23 너는 조각목으로 상을 만들되 장이 이 규빗, 광이 일 규빗, 고가 일 규빗 반
이 되게 하고
24 정금으로 싸고 주위에 금테를 두르고
25 그 사면에 손바닥 넓이 만한 턱을 만들고 그 턱 주위에 금으로 테를 만들고
26 그것을 위하여 금고리 넷을 만들어 그 네 발 위 네 모퉁이에 달되
27 턱 곁에 달라 이는 상 멜 채를 꿸 곳이며
28 또 조각목으로 그 채를 만들고 금으로 싸라 상을 이것으로 멜 것이니라
29 너는 대접과 숟가락과 병과 붓는 잔을 만들되 정금으로 만들지며
30 상 위에 진설병을 두어 항상 내 앞에 있게 할지니라
31 너는 정금으로 등대를 쳐서 만들되 그 밑판과 줄기와 잔과 꽃받침과 꽃을
한 덩이로 연하게 하고
32 가지 여섯을 등대 곁에서 나오게 하되 그 세 가지는 이편으로 나오고 그 세
가지는 저편으로 나오게 하며
33 이편 가지에 살구꽃 형상의 잔 셋과 꽃받침과 꽃이 있게 하고 저편 가지에
도 살구꽃 형상의 잔 셋과 꽃받침과 꽃이 있게 하여 등대에서 나온 여섯 가

지를 같게 할지며

34 등대 줄기에는 살구꽃 형상의 잔 넷과 꽃받침과 꽃이 있게 하고

35 등대에서 나온 여섯 가지를 위하여 꽃받침이 있게 하되 두 가지 아래 한 꽃
받침이 있어 줄기와 연하게 하며 또 두 가지 아래 한 꽃받침이 있어 줄기와
연하게 하며 또 두 가지 아래 한 꽃받침이 있어 줄기와 연하게 하고

36 그 꽃받침과 가지를 줄기와 연하게 하여 전부를 정금으로 쳐 만들고

37 등잔 일곱을 만들어 그 위에 두어 앞을 비추게 하며

38 그 불집게와 불똥 그릇도 정금으로 만들지니

39 등대와 이 모든 기구를 정금 한 달란트로 만들되

40 너는 삼가 이 산에서 네게 보인 식양대로 할지니라

출애굽기 26장

1 너는 성막을 만들되 앙장 열 폭을 가늘게 꼰 베실과 청색 자색 홍색실로 그
룹을 공교히 수놓아 만들지니
2 매 폭의 장은 이십팔 규빗,광은 사 규빗으로 각 폭의 장단을 같게 하고
3 그 앙장 다섯 폭을 서로 연하며 다른 다섯 폭도 서로 연하고
4 그 앙장의 연락할 말폭 가에 청색 고를 만들며 다른 연락할 말폭 가에도 그
와 같이 하고
5 앙장 말폭 가에 고 오십을 달며 다른 앙장 말폭 가에도 고 오십을 달고 그
고들을 서로 대하게 하고
6 금 갈고리 오십을 만들고 그 갈고리로 앙장을 연합하여 한 성막을 이룰지며
7 그 성막을 덮는 막 곧 앙장을 염소털로 만들되 열한 폭을 만들지며
8 각 폭의 장은 삼십 규빗, 광은 사 규빗으로 열한 폭의 장단을 같게 하고
9 그 앙장 다섯 폭을 서로 연하며 또 여섯 폭을 서로 연하고 그 여섯째 폭 절
반은 성막 전면에 접어 드리우고
10 앙장을 연락할 말폭 가에 고 오십을 달며 다른 연락할 말폭 가에도 고 오십
을 달고
11 놋 갈고리 오십을 만들고 그 갈고리로 그 고를 꿰어 연합하여 한 막이 되게
하고
12 그 막 곧 앙장의 나머지 그 반 폭은 성막 뒤에 드리우고
13 막 곧 앙장의 길이의 남은 것은 이편에 한 규빗, 저편에 한 규빗씩 성막 좌

우 양편에 덮어 드리우고
14 붉은 물 들인 숫양의 가죽으로 막의 덮개를 만들고 해달의 가죽으로 그 웃
덮개를 만들지니라
15 너는 조각목으로 성막을 위하여 널판을 만들어 세우되
16 각 판의 장은 십 규빗,광은 일 규빗 반으로 하고
17 각 판에 두 촉씩 내어 서로 연하게 하되 너는 성막 널판을 다 그와 같이 하라
18 너는 성막을 위하여 널판을 만들되 남편을 위하여 널판 스물을 만들고
19 스무 널판 아래 은받침 마흔을 만들지니 이 널판 아래에도 그 두 촉을 위하
여 두 받침을 만들고 저 널판 아래에도 그 두 촉을 위하여 두 받침을 만들
지며
20 성막 다른 편 곧 그 북편을 위하여도 널판 스물로 하고
21 은받침 마흔을 이 널판 아래에도 두 받침, 저 널판 아래에도 두 받침으로
하며
22 성막 뒤 곧 그 서편을 위하여는 널판 여섯을 만들고
23 성막 뒤 두 모퉁이 편을 위하여는 널판 둘을 만들되
24 아래에서부터 위까지 각기 두 겹 두께로 하여 윗고리에 이르게 하고 두 모
퉁이 편을 다 그리하며
25 그 여덟 널판에는 은받침이 열여섯이니 이 판 아래에도 두 받침이요 저 판
아래에도 두 받침이니라
26 너는 조각목으로 띠를 만들지니 성막 이편 널판을 위하여 다섯이요
27 성막 저편 널판을 위하여 다섯이요 성막 뒤 곧 서편 널판을 위하여 다섯이며
28 널판 가운데 있는 중간 띠는 이 끝에서 저 끝에 미치게 하고
29 그 널판들을 금으로 싸고 그 널판들의 띠를 꿸 금고리를 만들고 그 띠를 금

으로 싸라
30 너는 산에서 보인 식양대로 성막을 세울지니라
31 너는 청색 자색 홍색실과 가늘게 꼰 베실로 짜서 장을 만들고 그 위에 그룹
들을 공교히 수놓아서
32 금 갈고리로 네 기둥 위에 드리우되 그 네 기둥을 조각목으로 만들고 금으
로 싸서 네 은받침 위에 둘지며
33 그 장을 갈고리 아래 드리운 후에 증거궤를 그 장 안에 들여놓으라 그 장이
너희를 위하여 성소와 지성소를 구별하리라
34 너는 지성소에 있는 증거궤 위에 속죄소를 두고
35 그 장 바깥 북편에 상을 놓고 남편에 등대를 놓아 상과 대하게 할지며
36 청색 자색 홍색실과 가늘게 꼰 베실로 수놓아 짜서 성막문을 위하여 장을
만들고
37 그 문장을 위하여 기둥 다섯을 조각목으로 만들어 금으로 싸고 그 갈고리
도 금으로 만들지며 또 그 기둥을 위하여 받침 다섯을 놋으로 부어 만들지
니라

출애굽기 27장

1 너는 조각목으로 장이 오 규빗, 광이 오 규빗의 단을 만들되 네모반듯하게
하며 고는 삼 규빗으로 하고
2 그 네 모퉁이 위에 뿔을 만들되 그 뿔이 그것에 연하게 하고 그 단을 놋으
로 쌀지며
3 재를 담는 통과 부삽과 대야와 고기 갈고리와 불 옮기는 그릇을 만들되 단
의 그릇을 다 놋으로 만들지며
4 단을 위하여 놋으로 그물을 만들고 그 위 네 모퉁이에 놋고리 넷을 만들고
5 그물은 단 사면 가장자리 아래 곧 단 절반에 오르게 할지며
6 또 그 단을 위하여 채를 만들되 조각목으로 만들고 놋으로 쌀지며
7 단 양편 고리에 그 채를 꿰어 단을 메게 할지며
8 단은 널판으로 비게 만들되 산에서 네게 보인 대로 그들이 만들지니라
9 너는 성막의 뜰을 만들지니 남을 향하여 뜰 남편에 광이 백 규빗의 세마포
장을 쳐서 그 한 편을 당하게 할지니
10 그 기둥이 스물이며 그 받침 스물은 놋으로 하고 그 기둥의 갈고리와 가름
대는 은으로 할지며
11 그 북편에도 광이 백 규빗의 포장을 치되 그 기둥이 스물이며 그 기둥의 받
침 스물은 놋으로 하고 그 기둥의 갈고리와 가름대는 은으로 할지며
12 뜰의 옆 곧 서편에 광 오십 규빗의 포장을 치되 그 기둥이 열이요 받침이
열이며

13 동을 향하여 뜰 동편의 광도 오십 규빗이 될지며

14 문 이편을 위하여 포장이 십오 규빗이며 그 기둥이 셋이요 받침이 셋이요

15 문 저편을 위하여도 포장이 십오 규빗이며 그 기둥이 셋이요 받침이 셋이며

16 뜰 문을 위하여는 청색 자색 홍색실과 가늘게 꼰 베실로 수놓아 짠 이십 규
빗의 장이 있게 할지니 그 기둥이 넷이요 받침이 넷이며

17 뜰 사면 모든 기둥의 가름대와 갈고리는 은이요 그 받침은 놋이며

18 뜰의 장은 백 규빗이요 광은 오십 규빗이요 세마포장의 고는 오 규빗이요
그 받침은 놋이며

19 성막에서 쓰는 모든 기구와 그 말뚝과 뜰의 포장 말뚝을 다 놋으로 할지니라

20 너는 또 이스라엘 자손에게 명하여 감람으로 찧어낸 순결한 기름을 등불을
위하여 네게로 가져오게 하고 끊이지 말고 등불을 켜되

21 아론과 그 아들들로 회막 안 증거궤 앞 휘장 밖에서 저녁부터 아침까지 항
상 여호와 앞에 그 등불을 간검하게 하라 이는 이스라엘 자손의 대대로 영
원한 규례니라

출애굽기 38장

1 그가 또 조각목으로 번제단을 만들었으니 장이 오 규빗이요 광이 오 규빗
이라 네모 반듯하고 고는 삼 규빗이며
2 그 네 모퉁이 위에 그 뿔을 만들되 그 뿔을 단과 연하게 하고 단을 놋으로
쌌으며
3 단의 모든 기구 곧 통과 부삽과 대야와 고기 갈고리와 불 옮기는 그릇을 다
놋으로 만들고
4 단을 위하여 놋 그물을 만들어 단 사면 가장자리 아래 두되 단 절반에 오르
게 하고
5 그 놋 그물 네 모퉁이에 채를 꿸 고리 넷을 부어 만들었으며
6 채를 조각목으로 만들어 놋으로 싸고
7 단 양편 고리에 그 채를 꿰어 메게 하였으며 단은 널판으로 비게 만들었더라
8 그가 놋으로 물두멍을 만들고 그 받침도 놋으로 하였으니 곧 회막문에서
수종드는 여인들의 거울로 만들었더라
9 그가 또 뜰을 만들었으니 남으로 뜰의 남편에는 세마포 포장이 백 규빗이라
10 그 기둥이 스물이며 그 받침이 스물이니 놋이요 기둥의 갈고리와 가름대
는 은이며
11 그 북편에도 백 규빗이라 그 기둥이 스물이며 그 받침이 스물이니 놋이요
기둥의 갈고리와 가름대는 은이며
12 서편의 포장은 오십 규빗이라 그 기둥이 열이요 받침이 열이며 기둥의 갈

민수기 2장

1 여호와께서 모세와 아론에게 일러 가라사대
2 이스라엘 자손은 각각 그 기와 그 종족의 기호 곁에 진을 치되 회막을 사면
으로 대하여 치라
3 동방 해 돋는 편에 진 칠 자는 그 군대대로 유다의 진 기에 속한 자라 유다
자손의 족장은 암미나답의 아들 나손이요
4 그 군대는 계수함을 입은 자 칠만 사천육백 명이며
5 그 곁에 진 칠 자는 잇사갈 지파라 잇사갈 자손의 족장은 수알의 아들 느다
넬이요
6 그 군대는 계수함을 입은 자 오만 사천사백 명이며
7 또 스불론 지파라 스불론 자손의 족장은 헬론의 아들 엘리압이요
8 그 군대는 계수함을 입은 자 오만 칠천사백 명이니
9 유다 진에 속한 군대의 계수함을 입은 군대의 총계가 십팔만 육천 사백 명
이라 그들은 제일대로 진행할지니라
10 남편에는 르우벤 군대의 진 기가 있을 것이라 르우벤 자손의 족장은 스데
울의 아들 엘리술이요
11 그 군대는 계수함을 입은 자 사만 육천오백 명이며
12 그 곁에 진 칠 자는 시므온 지파라 시므온 자손의 족장은 수리삿대의 아들 슬
루미엘이요
13 그 군대는 계수함을 입은 자 오만 구천삼백 명이며

14 또 갓 지파라 갓 자손의 족장은 르우엘의 아들 엘리아삽이요
15 그 군대는 계수함을 입은 자 사만 오천육백오십 명이니
16 르우벤 진에 속한 계수함을 입은 군대의 총계가 십 오만 일천사백오십 명
이라 그들은 제이대로 진행할지니라
17 그 다음에 회막이 레위인의 진과 함께 모든 진의 중앙에 있어 진행하되 그
들의 진 친 순서대로 각 사람은 그 위치에서 그 기를 따라 앞으로 행할지니라
18 서편에는 에브라임의 군대의 진 기가 있을 것이라 에브라임 자손의 족장은
암미훗의 아들 엘리사마요
19 그 군대는 계수함을 입은 자 사만 오백 명이며
20 그 곁에는 므낫세 지파가 있을 것이라 므낫세 자손의 족장은 브다술의 아
들 가말리엘이요
21 그 군대는 계수함을 입은 자 삼만 이천이백 명이며
22 또 베냐민 지파라 베냐민 자손의 족장은 기드오니의 아들 아비단이요
23 그 군대는 계수함을 입은 자 삼만 오천사백 명이니
24 에브라임 진에 속한 계수함을 입은 군대의 총계가 십만 팔천일백 명이라
그들은 제삼대로 진행할지니라
25 북편에는 단 군대의 진 기가 있을 것이라 단 자손의 족장은 암미삿대의 아
들 아히에셀이요
26 그 군대는 계수함을 입은 자 육만 이천칠백 명이며
27 그 곁에 진 칠 자는 아셀 지파라 아셀 자손의 족장은 오그란의 아들 바기엘
이요
28 그 군대는 계수함을 입은 자 사만 일천오백 명이며
29 또 납달리 지파라 납달리 자손의 족장은 에난의 아들 아히라요

30 그 군대는 계수함을 입은 자 오만 삼천사백 명이니
31 단의 진에 속한 계수함을 입은 군대의 총계가 십 오만 칠천육백 명이라 그
들은 기를 따라 후대로 진행할지니라 하시니라
32 이상은 이스라엘 자손이 그 종족을 따라 계수함을 입은 자니 모든 진의 군
대 곧 계수함을 입은 자의 총계가 육십만 삼천오백오십 명이었으며
33 레위인은 이스라엘 자손과 함께 계수되지 아니하였으니 여호와께서 모세
에게 명하심과 같았느니라
34 이스라엘 자손이 여호와께서 모세에게 명하신 대로 다 준행하여 각기 가족
과 종족을 따르며 그 기를 따라 진 치기도 하며 진행하기도 하였더라

민수기 3장

1 여호와께서 시내 산에서 모세와 말씀하실 때에 아론과 모세의 낳은 자가
이러하니라
2 아론의 아들들의 이름은 장자는 나답이요 다음은 아비후와 엘르아살과 이
다말이니
3 이는 아론의 아들들의 이름이며 그들은 기름을 발리우고 거룩히 구별되어
제사장 직분을 위임받은 제사장들이라
4 나답과 아비후는 시내 광야에서 다른 불을 여호와 앞에 드리다가 여호와
앞에서 죽었고 무자하였고 엘르아살과 이다말이 그 아비 아론 앞에서 제
사장의 직분을 행하였더라
5 여호와께서 또 모세에게 일러 가라사대
6 레위 지파로 나아와 제사장 아론 앞에 서서 그에게 시종하게 하라
7 그들이 회막 앞에서 아론의 직무와 온 회중의 직무를 위하여 회막에서 시
무하되
8 곧 회막의 모든 기구를 수직하며 이스라엘 자손의 직무를 위하여 장막에
서 시무할지니
9 너는 레위인을 아론과 그 아들들에게 주라 그들은 이스라엘 자손 중에서
아론에게 온전히 돌리운 자니라
10 너는 아론과 그 아들들을 세워 제사장 직분을 행하게 하라 외인이 가까이
하면 죽임을 당할 것이니라

11 여호와께서 모세에게 일러 가라사대
12 보라 내가 이스라엘 자손 중에서 레위인을 택하여 이스라엘 자손 중 모든
첫 태에 처음 난 자를 대신케 하였은즉 레위인은 내 것이라
13 처음 난 자는 다 내 것임은 내가 애굽 땅에서 그 처음 난 자를 다 죽이던 날
에 이스라엘의 처음 난 자는 사람이나 짐승을 다 거룩히 구별하였음이니
그들은 내 것이 될 것임이니라 나는 여호와니라
14 여호와께서 시내 광야에서 모세에게 일러 가라사대
15 레위 자손을 그들의 종족과 가족을 따라 계수하되 일 개월 이상의 남자를
다 계수하라
16 모세가 여호와의 말씀을 좇아 그 명하신 대로 계수하니라
17 레위의 아들들의 이름은 이러하니 게르손과 고핫과 므라리요
18 게르손의 아들들의 이름은 그 가족대로 이러하니 립니와 시므이요
19 고핫의 아들들은 그 가족대로 이러하니 아므람과 이스할과 헤브론과 웃시
엘이요
20 므라리의 아들들은 그 가족대로 말리와 무시니 이는 그 종족대로 된 레위
인의 가족들이니라
21 게르손에게서는 립니 가족과 시므이 가족이 났으니 이들이 곧 게르손의 가
족들이라
22 계수함을 입은 자의 수효 곧 일 개월 이상 남자의 수효 합계가 칠천오백 명
이며
23 게르손 가족들은 장막 뒤 곧 서편에 진을 칠 것이요
24 라엘의 아들 엘리아삽은 게르손 사람의 종족의 족장이 될 것이며
25 게르손 자손의 회막에 대하여 맡을 것은 성막과 장막과 그 덮개와 회막 문장과

26 뜰의 휘장과 및 성막과 단 사면에 있는 뜰의 문장과 그 모든 것에 쓰는 줄들이니라

27 고핫에게서는 아므람 가족과 이스할 가족과 헤브론 가족과 웃시엘 가족이 났으니 이들이 곧 고핫 가족들이라

28 계수함을 입은 일 개월 이상 모든 남자의 수효가 팔천육백 명인데 성소를 맡을 것이며

29 고핫 자손의 가족들은 성막 남편에 진을 칠 것이요

30 웃시엘의 아들 엘리사반은 고핫 사람의 가족과 종족의 족장이 될 것이며

31 그들의 맡을 것은 증거궤와 상과 등대와 단들과 성소에서 봉사하는 데 쓰는 기구들과 휘장과 그것에 쓰는 모든 것이며

32 제사장 아론의 아들 엘르아살은 레위인의 족장들의 어른이 되고 또 성소를 맡을 자를 통할할 것이니라

33 므라리에게서는 말리 가족과 무시 가족이 났으니 이들이 곧 므라리 가족들이라

34 그 계수함을 입은 자 곧 일 개월 이상 남자의 수효 총계가 육천이백 명이며

35 아비하일의 아들 수리엘이 므라리 가족과 종족의 족장이 될 것이요 이 가족은 장막 북편에 진을 칠 것이며

36 므라리 자손의 맡을 것은 성막의 널판과 그 띠와 그 기둥과 그 받침과 그 모든 기구와 그것에 쓰는 모든 것이며

37 뜰 사면 기둥과 그 받침과 그 말뚝과 그 줄들이니라

38 장막 앞 동편 곧 회막 앞 해 돋는 편에는 모세와 아론과 아론의 아들들이 진을 치고 이스라엘 자손의 직무를 대신하여 성소의 직무를 지킬 것이며 외인이 가까이 하면 죽일지니라

39 모세와 아론이 여호와의 명을 좇아 레위인을 각 가족대로 계수한즉 일 개
월 이상 남자의 수효가 이만 이천 명이었더라
40 여호와께서 또 모세에게 이르시되 이스라엘 자손의 처음 난 남자를 일 개
월 이상으로 다 계수하여 그 명수를 기록하라
41 나는 여호와라 이스라엘 자손 중 모든 처음 난 자의 대신에 레위인을 내게
돌리고 또 이스라엘 자손의 가축 중 모든 처음 난 것의 대신에 레위인의 가
축을 내게 돌리라
42 모세가 여호와께서 자기에게 명하신 대로 이스라엘 자손 중 모든 처음 난
자를 계수하니
43 일 개월 이상으로 계수함을 입은 처음 난 남자의 명수의 총계가 이만 이천
이백칠십삼 명이었더라
44 여호와께서 모세에게 일러 가라사대
45 이스라엘 자손 중 모든 처음 난 자의 대신에 레위인을 취하고 또 그들의 가
축 대신에 레위인의 가축을 취하라 레위인은 내 것이라 나는 여호와니라
46 이스라엘 자손의 처음 난 자가 레위인보다 이백칠십삼 인이 더한즉 속하기
위하여
47 매 명에 오 세겔씩 취하되 성소의 세겔대로 취하라 한 세겔은 이십 게라니라
48 그 더한 자의 속전을 아론과 그 아들들에게 줄 것이니라
49 모세가 레위인으로 대속한 이외의 사람에게서 속전을 받았으니
50 곧 이스라엘 자손의 처음 난 자에게서 받은 돈이 성소의 세겔대로 일천삼
백육십오 세겔이라
51 이 속전을 여호와의 말씀대로 아론과 그 아들들에게 주었으니 여호와께서
모세에게 명하심과 같았느니라

민수기 9장

1 애굽 땅에서 나온 다음 해 정월에 여호와께서 시내 광야에서 모세에게 일러
가라사대
2 이스라엘 자손으로 유월절을 그 정기에 지키게 하라
3 그 정기 곧 이달 십 사일 해질 때에 너희는 그것을 지키되 그 모든 율례와
그 모든 규례대로 지킬지니라
4 모세가 이스라엘 자손에게 명하여 유월절을 지키라 하매
5 그들이 정월 십사일 해질 때에 시내 광야에서 유월절을 지켰으되 이스라엘
자손이 여호와께서 모세에게 명하신 것을 다 좇아 행하였더라
6 때에 사람의 시체로 인하여 부정케 되어서 유월절을 지킬 수 없는 사람들
이 있었는데 그들이 당일에 모세와 아론 앞에 이르러
7 그에게 이르되 우리가 사람의 시체로 인하여 부정케 되었거니와 우리를 금
지하여 이스라엘 자손과 함께 정기에 여호와께 예물을 드리지 못하게 하심
은 어찜이니이까
8 모세가 그들에게 이르되 기다리라 여호와께서 너희에게 대하여 어떻게 명
하시는지 내가 들으리라
9 여호와께서 모세에게 일러 가라사대
10 이스라엘 자손에게 고하여 이르라 너희나 너희 후손 중에 시체로 인하여
부정케 되든지 먼 여행 중에 있든지 할지라도 다 여호와 앞에 마땅히 유월
절을 지키되
11 이월 십사일 해질 때에 그것을 지켜서 어린 양에 무교병과 쓴 나물을 아울

러 먹을 것이요
12 아침까지 그것을 조금도 남겨 두지 말며 그 뼈를 하나도 꺾지 말아서 유월
절 모든 율례대로 지킬 것이니라
13 그러나 사람이 정결도 하고 여행 중에도 있지 아니하면서 유월절을 지키지
아니하는 자는 그 백성 중에서 끊쳐지리니 이런 사람은 그 정기에 여호와
께 예물을 드리지 아니하였은즉 그 죄를 당할지며
14 만일 타국인이 너희 중에 우거하여 여호와 앞에 유월절을 지키고자 하면
유월절 율례대로 그 규례를 따라서 행할지니 우거한 자에게나 본토인에게
나 그 율례는 동일할 것이니라
15 성막을 세운 날에 구름이 성막 곧 증거막을 덮었고 저녁이 되면 성막 위에
불 모양 같은 것이 나타나서 아침까지 이르렀으되
16 항상 그러하여 낮에는 구름이 그것을 덮었고 밤이면 불 모양이 있었는데
17 구름이 성막에서 떠오르는 때에는 이스라엘 자손이 곧 진행하였고 구름이
머무는 곳에 이스라엘 자손이 진을 쳤으니
18 이스라엘 자손이 여호와의 명을 좇아 진행하였고 여호와의 명을 좇아 진을
쳤으며 구름이 성막 위에 머무는 동안에는 그들이 유진하였고
19 구름이 장막 위에 머무는 날이 오랠 때에는 이스라엘 자손이 여호와의 명
을 지켜 진행치 아니하였으며
20 혹시 구름이 장막 위에 머무는 날이 적을 때에도 그들이 다만 여호와의 명
을 좇아 유진하고 여호와의 명을 좇아 진행하였으며
21 혹시 구름이 저녁부터 아침까지 있다가 아침에 그 구름이 떠오를 때에는
그들이 진행하였고 구름이 밤낮 있다가 떠오르면 곧 진행하였으며
22 이틀이든지 한 달이든지 일 년이든지 구름이 성막 위에 머물러 있을 동안

에는 이스라엘 자손이 유진하고 진행치 아니하다가 떠오르면 진행하였으니
23 곧 그들이 여호와의 명을 좇아 진을 치며 여호와의 명을 좇아 진행하고 또
모세로 전하신 여호와의 명을 따라 여호와의 직임을 지켰더라

민수기 10장

1 여호와께서 모세에게 일러 가라사대

2 은나팔 둘을 만들되 쳐서 만들어서 그것으로 회중을 소집하며 진을 진행케
할 것이라

3 두 나팔을 불 때에는 온 회중이 회막 문 앞에 모여서 네게로 나아올 것이요

4 하나만 불 때에는 이스라엘 천부장 된 족장들이 모여서 네게로 나아올 것
이며

5 너희가 그것을 울려 불 때에는 동편 진들이 진행할 것이고

6 제이차로 울려 불 때에는 남편 진들이 진행할 것이라 무릇 진행하려 할 때
에는 나팔 소리를 울려 불 것이며

7 또 회중을 모을 때에도 나팔을 불 것이나 소리를 울려 불지 말 것이며

8 그 나팔은 아론의 자손인 제사장들이 불지니 이는 너희 대대에 영원한 율
례니라

9 또 너희 땅에서 너희가 자기를 압박하는 대적을 치러 나갈 때에는 나팔을
울려 불지니 그리하면 너희 하나님 여호와가 너희를 기억하고 너희를 너
희 대적에게서 구원하리라

10 또 너희 희락의 날과 너희 정한 절기와 월삭에는 번제물의 위에와 화목 제
물의 위에 나팔을 불라 그로 말미암아 너희 하나님이 너희를 기억하리라
나는 너희 하나님 여호와니라

11 제이년 이월 이십일에 구름이 증거막에서 떠오르매

12 이스라엘 자손이 시내 광야에서 출발하여 자기 길을 행하더니 바란 광야에
구름이 머무니라
13 이와 같이 그들이 여호와께서 모세로 명하신 것을 좇아 진행하기를 시작하
였는데
14 수두로 유다 자손 진기에 속한 자들이 그 군대대로 진행하였으니 유다 군
대는 암미나답의 아들 나손이 영솔하였고
15 잇사갈 자손 지파의 군대는 수알의 아들 느다넬이 영솔하였고
16 스불론 자손 지파의 군대는 헬론의 아들 엘리압이 영솔하였더라
17 이에 성막을 걷으매 게르손 자손과 므라리 자손이 성막을 메고 발행하였으며
18 다음으로 르우벤 진 기에 속한 자들이 그 군대대로 발행하였으니 르우벤의
군대는 스데울의 아들 엘리술이 영솔하였고
19 시므온 자손 지파의 군대는 수리삿대의 아들 슬루미엘이 영솔하였고
20 갓 자손 지파의 군대는 드우엘의 아들 엘리아삽이 영솔하였더라
21 고핫인은 성물을 메고 진행하였고 그들이 이르기 전에 성막을 세웠으며
22 다음으로 에브라임 자손 진 기에 속한 자들이 그 군대대로 진행하였으니
에브라임 군대는 암미훗의 아들 엘리사마가 영솔하였고
23 므낫세 자손 지파의 군대는 브다술의 아들 가말리엘이 영솔하였고
24 베냐민 자손 지파의 군대는 기드오니의 아들 아비단이 영솔하였더라
25 다음으로 단 자손 진 기에 속한 자들이 그 군대대로 진행하였으니 이 군대
는 모든 진의 후진이었더라 단 군대는 암미삿대의 아들 아히에셀이 영솔하
였고
26 아셀 자손 지파의 군대는 오그란의 아들 바기엘이 영솔하였고
27 납달리 자손 지파의 군대는 에난의 아들 아히라가 영솔하였더라

28 이스라엘 자손이 진행할 때에 이와 같이 그 군대를 따라 나아갔더라
29 모세가 그 장인 미디안 사람 르우엘의 아들 호밥에게 이르되 여호와께서
주마 하신 곳으로 우리가 진행하나니 우리와 동행하자 그리하면 선대하리
라 여호와께서 이스라엘에게 복을 내리리라 하셨느니라
30 호밥이 그에게 이르되 나는 가지 아니하고 내 고향 내 친족에게로 가리라
31 모세가 가로되 청컨대 우리를 떠나지 마소서 당신은 우리가 광야에서 어떻
게 진 칠 것을 아나니 우리의 눈이 되리이다
32 우리와 동행하면 여호와께서 우리에게 복을 내리시는 대로 우리도 당신에
게 행하리이다
33 그들이 여호와의 산에서 떠나 삼 일 길을 행할 때에 여호와의 언약궤가 그
삼 일 길에 앞서 행하며 그들의 쉴 곳을 찾았고
34 그들이 행진할 때에 낮에는 여호와의 구름이 그 위에 덮였었더라
35 궤가 떠날 때에는 모세가 가로되 여호와여 일어나사 주의 대적들을 흩으시
고 주를 미워하는 자로 주의 앞에서 도망하게 하소서 하였고
36 궤가 쉴 때에는 가로되 여호와여 이스라엘 천만 인에게로 돌아오소서 하였
더라

조별 토의 문제

1과

1. 조원들과 성명, 연락처(전화번호) 등을 교환하고, 이것을 모두 노트에 기록하십시오.

2. 가족 사항, 교회에서 구체적으로 섬기는 영역, 개인 및 가족의 기도제목을 나누시고 모두 노트에 기록하십시오.

3. 여러분의 생애 속에서 또는 최근의 교회 경험 속에서 알고 있는 교회 건축에 대해 생각해 보십시오. ① 감동력 ② 자발성 ③ 즐거움과 기쁨 ④ 헌납될 물건이 넘쳐서 금지 광고를 내는 일 등, 성막 건축과 비교해 보았을 때 어떠한지 자세히 나누어 보십시오.

4. 소속 교회를 위한 기도제목을 나누고, 개인과 교회의 기도제목을 가지고 함께 기도하십시오.

2과

1. 성막이 머물 때와 움직일 때 각 지파를 질서정연하게 배열하도록 명령하신 분은 질서와 조직을 중시하시는 하나님이셨습니다. 여러분의 교회와 개인 생활 가운데 조직과 질서 면에서 개선되어야 할 점은 무엇입니까?

2. 실타래가 엉키듯이 뒤죽박죽되어 혼돈스러운 상황과 습관적인 무질서로

마음이 헝클어지는 때는 언제입니까? 여러분의 내면생활은 질서정연합니까?

3. 동문, 번제단, 물두멍, 등대, 떡상, 분향단, 언약궤 등이 예수님의 어떤 면을 상징하는지 교재를 보지 말고 차례대로 설명해 보십시오.
   1) 동문- 성막 안으로 들어가는 유일한 문으로, 예수 그리스도만이 하나님께로 나갈 수 있는 유일한 구원의 문이 되심을 상징합니다.
   2) 번제단- 번제물을 통해서 제사를 드리는 사람의 죄를 대속하게 하는 것처럼, 예수 그리스도의 몸을 번제물로 드림으로 인간의 모든 죄를 대속해 주시고 인간과 하나님을 화목하게 해 주셨습니다.
   3) 물두멍- 제사장이 성소에 들어가기 전에 반드시 물두멍에서 손을 계속적으로 씻어야 되는 것처럼, 성도들이 하나님과 교제하기 위해서 예수 그리스도의 십자가의 보혈로 죄씻음을 받고 계속적으로 성화되는 삶을 살아야 합니다.
   4) 등대- 성소 안에서 유일한 빛으로 성소를 밝혀 주듯이, 예수 그리스도는 세상을 비추는 유일한 빛이 되십니다.
   5) 떡상- 제사장들이 떡상에 있는 떡을 먹음으로 활동을 하듯이, 예수 그리스도는 생명의 떡으로 우리에게 영혼의 양식인 하나님의 말씀이 되십니다.
   6) 분향단- 성소 안에서 향을 피워 항상 향내를 하늘로 올라가게 하듯이, 예수 그리스도는 성도들을 위해서 하나님께 끊임없이 중보하시는 중보의 기도자가 되십니다.
   7) 언약궤- 가장 거룩한 곳인 지성소에 있는 언약궤 위에 피를 뿌림으로 하나님과 만나고 교제하듯이, 예수 그리스도는 새 언약의 주체로 그의 피뿌림을 통해서 하나님과 함께 거하고 교제를 나누게 하시는 분입니다.

4. 성막의 뜰문은 견고한 기둥으로 튼튼히 서 있었습니다. 예수님은 우리를 견고히 지키시는 기둥이요, 받침대이십니다. 여러분의 인생의 기둥은 무엇입니까? 생활에 취해서 예수님 외에 다른 것에 마음을 빼앗기거나 예수님 이외의 것을 의지하고자 한 적은 없습니까?

5. 두 세 사람씩의 기도후원자와 나눈 기도제목(예습을 위한 기도제목)과 개인 기도제목을 조원 전체와 나누고, 각자가 기도한 후에 돌림기도로 마치십시오.

3과

1. 교재와 성경을 덮고, 교재 전면 또는 후면 여백에 번제단을 그리되 크기를 cm로 표시하십시오. 다 그리고 난 후에 조원들끼리 서로 비교해 보십시오.

   길이 225cm, 넓이 225cm, 높이 135cm입니다.

2. 번제단을 만들 때 사용하는 2가지 재료는 무엇이며, 이 재료가 상징하는 바는 무엇입니까?

   재료는 조각목과 놋으로, 조각목은 예수 그리스도의 인성을 상징하며 놋은 하나님의 심판을 상징합니다.

3. 번제단 부속물의 명칭을 나열하고, 영적 의미를 설명해 보십시오.

   부속물은 통, 부삽, 대야, 갈고리, 그릇이 있습니다.

   1) 통- 번제물을 태워 남은 재를 담아서 버리기 위한 통으로, 성도들의 허물과 연약함을 담을 수 있는 통이 되어야 합니다.

   2) 부삽- 번제단의 불이 꺼지지 않도록 재를 긁어 모으기 위해 사용된 도구로, 인간들의 죄를 긁어 모으고 문제를 없애며 성령의 불이

꺼지지 않게 하는 부삽이 되어야 합니다.

3) 대야- 번제단에 드릴 희생 제물의 고기와 피를 담아 운반하는 그릇으로, 죄 많은 세상 사람들을 교회로 전도해 오는 역할을 해야 합니다.

4) 고기 갈고리- 번제물이 떨어지지 않고 잘 타게 붙잡아 주는 도구로, 성도들이 교회에서 떨어져 나가지 않도록 사랑의 갈고리로 잘 돌보는 역할을 해야 합니다.

5) 화로- 번제단 위의 불을 옮기는 그릇으로, 교회 안에서 뜨거운 전도의 불, 기도의 불, 찬양의 불이 꺼지지 않도록 하는 역할을 해야 합니다.

4. 번제단의 불은 누가 최초로 점화하였으며, 계속 타오르도록 관리해서 꺼뜨리지 못하게 함은 예수님의 구속사역에 대하여 어떤 특징을 예표해 줍니까?

번제단의 불은 하나님께서 최초로 점화하였습니다(레 9:24). 계속해서 꺼뜨리지 못하게 함은 예수 그리스도의 구속 사역이 모든 죄인들에게 계속해서 주어져야 하며, 완전하고 연속적으로 이뤄져야 할 것을 예표합니다.

5. 하나님의 교회는 신성하므로 무조건 하나님의 심판에서 제외됩니까? 왜 그렇습니까?

예수님께서 자신을 온전한 제물로 단번에 드림으로 완전한 제사를 드렸기 때문에 이제는 더 이상 우리의 죄를 위해서 드릴 제사가 없어졌습니다. 누구든지 예수 그리스도를 믿는 자는 모든 죄에서 구원함을 받습니다. 하나님의 심판으로부터 벗어나게 됩니다.

6. 나의 죄, 내 가정의 죄, 내가 속한 교회의 죄를 현미경적 시각으로 살펴보고, 이에 대하여 기도제목 형태로 밝혀 보십시오.

7. 6번의 기도제목을 놓고, 조장의 인도 하에 함께 기도하십시오.

4과

1. 물두멍의 위치 및 모양에 대해 성경이 보여주는 바에 따라 그려보십시오.

   물두멍의 위치는 번제단과 성막(회막) 사이에 위치하고 있으며, 물을 담아 두는 그릇과 받침으로 만들어졌습니다.

2. 회막에 들어가기 전에 제사장은 수족을 씻었습니다. 이 의미를 현대적으로 적용해본다면, 우리가 하나님을 만나는 예배에 참여하기 전에 준비해야 할 것은 무엇입니까?

   자신의 허물과 죄를 자백하며 늘 성결케 하는 성화의 삶이 필요합니다.

3. 번제단과 물두멍과의 관계를 신약의 교리적 용어 및 교리적 진술로 설명해 보십시오.

	번제단의 태움	물두멍의 단회적 씻음	물두멍의 계속적 씻음
교리적 진술	화목제물과 예수님의 십자가의 죽으심	원죄의 사함과 회개함	자범죄의 사함과 성결의 삶
교리적 용어	대 속	중 생	성 화

4. 물두멍의 재료는 무엇입니까? 이 재료는 누가 헌신하여 갖고 온 것입니까? 물두멍에 내포된 헌신의 모습을 바라보면서 우리가 하나님께 헌신할 부분은 무엇이라고 생각합니까?

   물두멍의 재료는 놋이며, 여인들이 사용하던 거울을 가져온 것입니다. 우

예수 그리스도의 단 한 번의 죽음으로 우리가 하나님 앞에 나아갈 수 있게 되었습니다. 또한 휘장이 위에서 아래로 찢어진 것은 인간이 아닌, 하나님께서 행하신 일임을 나타냅니다.

4. 휘장의 찢어짐이 우리에게 주는 축복을 3 가지로 설명해 보십시오.

첫째, 우리는 죄사함을 받고 하나님 앞에 나아가 하나님과 만나게 되었습니다. 이것이 우리가 받은 구원입니다.

둘째, 우리는 한 번만 하나님 앞에 나아가는 것이 아니라 계속해서 나아갈 수 있게 되었습니다. 이것이 바로 하나님과의 교제입니다.

셋째, 우리는 그리스도를 통하여 날마다 하나님과 만나고 하나님의 사랑과 권능, 능력과 기도의 응답을 체험합니다. 이것이 그리스도 안에 있는 성도의 삶입니다.

5. 여러분의 기도 생활에 있어서 어떤 문제점들이 있는지를 서로 나눠보고, 이 내용을 바탕으로 기도하십시오.

7과

1. "성막" 공부의 마지막 시간입니다. 가능하다면 함께 식사를 하면서 다음의 질문에 대해 토의하십시오.

① 언약궤 안에 들어있는 물건은 무엇입니까?

십계명을 새긴 돌판, 아론의 싹 난 지팡이, 그리고 만나를 담은 항아리입니다.

② 각각의 물건(3종류)은 무엇을 의미합니까?

▷십계명을 새긴 돌판– 하나님 말씀에 대한 순종을 의미합니다.

▷아론의 싹 난 지팡이- 하나님의 권위와 부활의 새 생명을 의미합니다.

▷만나를 담은 항아리- 생명의 양식이 되는 하나님의 말씀을 의미합니다.

③ 이것은 오늘날 우리에게 무엇을 의미합니까?

하나님께 대한 성도들의 순종과 불순종의 모습들을 보여주며, 동시에 하나님의 심판과 축복을 보여줍니다.

④ 속죄소의 목적은 무엇입니까?

하나님을 만나며 그의 말씀을 듣는 곳입니다(출 25:21-22).

⑤ 성막이 완성되었을 때 어떤 현상이 나타났으며, 이것은 무엇을 의미합니까?

하나님의 임재를 상징하는 불기둥과 구름 기둥이 성막 위에 머물러 있었습니다(출 40:34-38).

이것이 의미하는 것은,

a. 하나님의 명령대로 순종한 이스라엘 백성을 축복하셨습니다 (출 39:43).

b. 성막 위에 하나님의 영광이 충만하게 거하였습니다(출 40:34-35).

c. 하나님의 임재와 인도, 권능과 축복하심을 나타내 보이셨습니다 (출 40:36-38).

2. 교회에서의 역할, 직분, 그리고 교회 생활에서 가장 고통스러웠거나 어려웠던 점들을 나누어 보고, 이에 대해 서로 기도 요청을 하십시오.

3. 기도회로 마지막 토의 시간을 마무리하십시오.

새가족 성경공부 교재

복음에 감격하는 새가족 성경공부

처음 교회에 등록한 분들이 초신자이든 기신자이든 예수님을 만나서 변화된 삶의 축복을 누리도록 돕는 교재다. 이런 의미에서 초신자와 기신자를 함께 아우르는 통합반 교재라고 할 수 있다(인도자용 별도).

■ 김경섭 지음 | 학생용 값 3,500원 인도자용 값 4,000원

초신자를 위한 새가족 성경공부

처음 교회에 출석하는 초신자들에게 삼위일체 하나님과 구원 그리고 구체적인 신앙생활을 안내하는 교재다. 비교적 쉽고 단순하게 만들었기에, 견고한 신앙의 기초를 다지게 할 것이다.

■ 김경섭 지음 | 값 3,500원

기신자를 위한 새가족 성경공부

교회에 등록하는 성도 중 상당수는 이미 예수님을 믿고 교회 생활을 해 온 분들이다. 그분들이 처음 교회에 등록했을 때 신앙의 기초를 확인하고 좀 더 깊이 신앙생활을 할 수 있도록 안내하는 성경공부 교재다.

■ 김경섭 지음 | 값 3,800원

새가족 나눔 교재

오늘날 성도 중에는 '성경공부'라는 단어에 거부감을 가지는 사람들도 있다. 이 교재는 공부하는 도구라기 보다는 함께 교제를 나눈 후에 같이 읽어 가는 나눔식 새가족 안내 자료다.

■ 김경섭 지음 | 값 3,800원

프리셉트 T. 02-588-2218 | www.precept.or.kr

단계별 성경공부 교재

❶ 프리셉트 맨투맨 제자 양육

예수님의 제자로 살고자 할 때 가장 기초가 되는 10가지 사항을 하나님의 말씀으로 적용하도록 안내하는 교재다(1시간 예습, 교사용 별도).

■ 프리셉트성경연구원 편 | 학생용 값 8,000원 교사용 값 10,000원

❷ 프리셉트 신앙성장 학교 Ⅰ

신앙생활을 시작한 성도가 예수님의 사랑으로 신앙심이 자라갈 때 점검해야 할 사항들을 주제별로 엮은 교재다(1시간 예습).

■ 김경섭 지음 | 값 6,500원

❸ 프리셉트 큐티 학교

하나님의 말씀을 매일 묵상할 수 있도록 도와주는 묵상지인『묵상하는사람들』을 효과적으로 사용할 수 있게 안내하는 교재다.

■ 김경섭 지음 | 값 5,000원

❹ 프리셉트 제자도

약 22주의 과정 동안 '마음의 세계, 행실, 이웃관계와 공동체, 하나님과의 관계' 등에 대해 본격적으로 훈련하는 내용을 담고 있다(90분 예습).

■ 김경섭 지음 | 값 9,500원

❺ 성막

예수님의 삶과 사역을 예표하는 하나님의 특별 교육 도구요 임재의 처소였던 구약 시대의 성막을 통해, 예수님을 깊이 체득하는 시간을 갖는다(90분 예습, 인도자용 별도).

■ 김경섭 지음 | 학생용 값 8,000원 인도자용 값 15,000원

❻ 성도의 확신 Ⅰ, Ⅱ

이 교재는 제자로서 하나님의 마음을 알고 성도의 7대 확신(사죄, 구원, 임재, 동행, 기도응답, 승리, 상급)을 확립할 수 있게 돕는다(5시간 예습).

■ 김경섭 지음 | 1권 값 10,000원 2권 값 15,000원

❼ 성도의 사역

한 성도가 지역 교회의 평신도 지도자로서 확립해야 할 내용을 숙지하고 성숙한 제자로 자라가는 데 있어서 결정적으로 도움을 주는 필수코스다(5시간 예습).

■ 김경섭 지음 | 값 18,000원

프리셉트 T. 02-588-2218 | www.precept.or.kr

성막(인도자용)

지은이 | 김경섭

초판 1쇄 | 2008년 5월 8일
개정 1판 1쇄 | 2020년 4월 14일

발행인 | 김경섭
국제총무 | 최복순
총무 | 김상현
기획국장 | 김현욱
서적부 | 양재성, 신충경
편집부 | 고유영(편집실장), 김지혜, 허윤희, 유권지

발행처 | 묵상하는사람들
등록번호 | 20-333
일부총판 | 생명의말씀사 Tel. (02) 3159-7979 Fax. 080-022-8585

주소 | 서울시 동작구 사당로2가길 91(사당동) (우) 07028
전화 | (02) 588-2218 팩스 | (02) 588-2268
홈페이지 | www.precept.or.kr
국민은행 772-21-0310-382(김경섭)

값 15,000원
ISBN 978-89-8475-782-0 04230
978-89-8475-780-6 04230(세트)

독자 여러분의 의견을 기다립니다.
독자 전화 (02) 588-2218 / pmnqt@hanmail.net